松江省史迹陈列馆

松江省党政军主要领导人物浮雕

革命烈士纪念碑

县委县政府

黑龙江延寿经济开发区办公楼

"金寿带"县标

继嘉集团

哈尔滨蒲公英药业

香其食品

哈尔滨延大牧业有限公司

万亩"香米"水田景观

山河灌渠渠首

延寿镇长发养殖小区

"延寿香米"主产地

"东北大豆"主产区

延寿镇同安幼儿园

延寿县第一中学

延寿县人民医院

延寿体育中心

长寿山国家森林公园

水源地"天下第一寿"景观

国家湿地公园"万寿连延瓶"

2009年延寿首届养生文化旅游节开幕式现场

丰富多彩的群众文体活动

蚂蜒河湿地

"金街"商业街

公路客运站

黑龙江延寿经济开发区

延寿大桥

延寿县革命老区发展史

延寿县老区建设促进会　编

黑龙江教育出版社

图书在版编目（CIP）数据

延寿县革命老区发展史 / 延寿县老区建设促进会编
. -- 哈尔滨 ：黑龙江教育出版社，2021.5
ISBN 978-7-5709-2230-7

Ⅰ．①延… Ⅱ．①延… Ⅲ．①延寿县－地方史 Ⅳ.
①K293.54

中国版本图书馆CIP数据核字(2021)第074668号

顾　　问　于万岭
丛书主编　杜吉明
副 主 编　白亚光　张利国　李树明　李　勃

延寿县革命老区发展史
Yanshouxian Geming Laoqu Fazhanshi
延寿县老区建设促进会　编

责 任 编 辑　高　璐
封 面 设 计　朱建明
责 任 校 对　杨　彬
出 版 发 行　黑龙江教育出版社
地　　　址　哈尔滨市道里区群力第六大道1305号
印　　　刷　哈尔滨博奇印刷有限公司
开　　　本　787毫米×1092毫米　1/16
印　　　张　15.5
字　　　数　190千
版　　　次　2021年5月第1版
印　　　次　2021年5月第1次印刷

书　　　号　ISBN 978-7-5709-2230-7　　定　价　38.00元

黑龙江教育出版社网址：www.hljep.com.cn
如需订购图书，请与我社发行中心联系。联系电话：0451-82533097　82534665
如有印装质量问题，影响阅读，请与我公司联系调换。联系电话：0451-51789011
如发现盗版图书，请向我社举报。举报电话：0451-82533087

总　序

在举国欢庆新中国成立70周年前夕，中国老区建设促进会王健会长请我为《全国革命老区县发展史》丛书作序，作为一名在老区战斗过并得到老区人民生死相助的老兵，回首往事，心潮澎湃，感慨万千，深感义不容辞，欣然应允。

中国革命老区，是以毛泽东为代表的中国共产党人在领导人民推翻帝国主义、封建主义和官僚资本主义三座大山，争取民族独立和人民解放伟大斗争中建立的革命根据地，在这片红色的土地上，诞生了无数可歌可泣的革命英雄儿女，为后人树起了一座不朽的丰碑。她是新中国的摇篮，是党和军队的根。

在艰苦卓绝的战争年代，老区人民把自己的命运与中华民族的命运紧紧地联系在一起，与中国共产党和人民军队的命运紧紧地联系在一起，他们生死相依，患难与共。我曾亲历过战争年代，并得到过老区红哥红嫂的救助，切身感受到发生在身边的一幕幕撼天动地的革命故事，在那极其艰难的条件下，老区人民倾其所有、破家支前，不怕艰难困苦，不怕流血牺牲。"最后一碗米送去做军粮，最后一尺布送去做军装，最后一件老棉袄盖在担架上，最后一个亲骨肉送去上战场"，这是当时伟大的老区人民为建立新中国做出巨大牺牲的真实写照，它将永远镌刻在中国共产党、中国人民解放军、中华人民共和国的历史丰碑上。他们的光辉业绩永载史册，他们的革命精神必将影响一代又一代的革命新人，造就一代又一代的民族脊梁。

在社会主义革命和建设时期，革命老区和老区人民响应党的号召，面对落后的面貌、脆弱的经济、恶劣的生态环境，他们本色不变，精神不丢，自力更生，艰苦奋斗，干一行爱一行。始终坚持"革命理想高于天"，自觉做共产主义远大理想的坚定信仰者和忠实实践者，勇于向恶劣的自然环境和贫穷落后宣战，他们在各条战线上为国建功立业，用平凡的双手创造了一个又一个不平凡的奇迹，彰显了老区人的崇高精神和人格力量。

在改革开放的伟大进程中，老区人民解放思想，勇于创新，发奋图强，攻坚克难，老区的经济社会建设取得了辉煌成就。特别是在改变中国的面貌、中华民族的面貌、中国人民的面貌、中国共产党的面貌的伟大实践中发挥了至关重要的作用。老区人民既是改革开放的参与者，也是改革开放的推动者。

艰苦练意志，危难见精神。老区人民在近百年的革命战争、社会主义建设和改革开放的伟大实践中，孕育形成了伟大的老区精神：爱党信党、坚定不移的理想信念；舍生忘死、无私奉献的博大胸怀；不屈不挠、敢于胜利的英雄气概；自强不息、艰苦奋斗的顽强斗志；求真务实、开拓创新的科学态度；鱼水情深、生死相依的光荣传统。这是党和人民宝贵的精神财富、丰厚的政治资源，是凝心聚力、振奋民族精神的重要法宝，也是社会主义核心价值观的重要内容。

中国老区建设促进会怀着强烈的政治责任感和历史使命感，组织全国各地老促会人员克服困难，尽心竭力编纂《全国革命老区县发展史》丛书，记录老区的光辉历史和辉煌成就，传承红色基因，弘扬老区精神，是功在当代，利及千秋的一件大事。手捧这部丛书的部分书稿，读着书中的故事，倍感亲切，深感这部丛书具有资政、育人、存史的社会功能，有着重要的时代和历史价值。它是不忘初心、牢记使命的源头活水，是赞颂共产党、讴歌老区人民的一部精品力作，是弘扬老区精神、传承红色记忆的丰厚载体，是一项继承优秀传统文化、弘扬革命文化、发展社会主义先进文化，坚定"四个自信"的宏大文化工程。它必将成为一种文化品牌，为各界人士了解老区宣传老区支持老区提供一部有价值的研究史料。希望读者朋友们能从中了解并牢记这些为党和民族的利益不断奉献的老区人民，从中得到教益，汲取人生奋斗的精神动力。

新时代赋予新使命，新起点开启新征程。让我们更加紧密地团结在以习近平同志为核心的党中央周围，坚持以习近平新时代中国特色社会主义思想为指导，增强"四个意识"，坚定"四个自信"，做到"两个维护"，弘扬老区精神，铭记苦难辉煌。为实现"两个一百年"奋斗目标，实现中华民族伟大复兴的中国梦做出新的更大的贡献！

迟浩田

2019 年 4 月 11 日

编写说明

2017年6月，中国老区建设促进会组织全国各地老促会启动编纂《全国革命老区县发展史》丛书，按照"建立中国共产党、成立中华人民共和国、推进改革开放和中国特色社会主义事业"三大里程碑的历史脉络，系统书写革命老区百年历史，深入挖掘革命老区红色文化资源，这对于充实丰富中国革命史籍宝库、在新时代传承红色基因、弘扬革命精神、强固根本，对于激励人们在新的历史条件下夺取中国特色社会主义伟大胜利，实现中华民族伟大复兴的中国梦具有重要意义。

丛书编纂以习近平新时代中国特色社会主义思想为指导，以《中国共产党历史》《中国共产党的九十年》等重要文献为基本依据，以党的领导为核心，以老区人民为主体，以老区发展为主线，体现历史进程特征，突出时代发展特色，坚持辩证唯物主义和历史唯物主义相统一、历史真实性与内容可读性相统一的原则，书写革命老区从站起来、富起来到强起来的光辉革命史、不懈奋斗史、辉煌成就史，把老区人民的伟大贡献、伟大创造、伟大成就、伟大精神充分展示出来，形成一部具有厚重历史特征和鲜明时代特色的精品力作。这是一部培根铸魂、守正创新，既为历史立言，又为时代服务，字里行间流淌着红色血脉、催生着革命激情的传世之作。丛书的编纂出版将成为讴歌党讴歌人民讴歌时代、传播红色文化、为革命老区和老区人民树碑立传的重要载体。丛书按照编年体与纪事本末体相结合、以编年体为主的编写体例确定框架结构；运用时经事纬、点面结合的方式记述史实；坚持人事结合、以事带人的原则处理人与事的关系；采取夹叙夹议、叙论结合以叙为主的方法展开内容。做到史料与史论、历史与现实、政治与学术统一，文献性、学术性、知识性相兼容。

为编纂好《全国革命老区县发展史》丛书，打造红色文化品牌，中国老区建设促进会认真组织积极协调，提出政治立场鲜明、史料真实准确、思想论述深刻、历史维度厚重、时代特色突出、编写体例规范、篇目布局合理、审读把关严格、出版制作精良的编纂出版总要求，力求达到革命史籍精品的精神高度、思想深度、知识广度、语言力度，增强丛书的权威性和社会影响力。各省（区、市）、市（州、盟）、县（市、区、旗）老促会的同志，以强烈的使命感、责任感和紧迫感，勇于担当，积极作为，认真实施，组织由老促会成员、专家学者等参加的十余万人编纂队伍。编纂工作主体责任在县，省、市组织协调、有力指导、审读把关。各方面人员以高度负责的精神和科学严谨的态度，满腔热情地投入工作，为丛书编纂出版做出了重要贡献。丛书编纂工作还得到了党和国家有关部委、地方各级党委政府及有关部门的大力支持和积极参与，社会各界也给予了热情帮助。中共中央政治局原委员、中央军委原副主席、原国务委员兼国防部长迟浩田上将，对老区人民怀有深厚感情，对革命老区建设发展十分关注，欣然为《全国革命老区县发展史》丛书作总序。

　　丛书由总册和1 599 部分册（每个革命老区县编纂1部分册）组成，共1 600 册。鉴于丛书所记述的史实内容多、时间跨度长和编纂时间紧，不妥之处，敬请批评指正。

中国老区建设促进会

目　录

序 言

　　盛世纂史，史载盛世。《延寿县革命老区发展史》伴随建党100周年铿锵有力的脚步，经延寿县老区建设促进会及各有关方面的共同努力，现付梓问世，此乃我县史、志、鉴文化中又一重大成果，可喜可贺！

　　延寿县历史悠久，文化厚重，山川锦绣，人杰地灵，是地处祖国北疆的一类革命老区，是一块有着深厚革命底蕴的红色宝地，也是一块生机勃发的革命热土。曾经，中国共产党延方特别支部诞生在这里，松江省委、省政府在这里落户。日本入侵国难当头时，延寿儿女响应中国共产党的号召，放下锄镰，执起枪矛，在这块土地上创建了党领导下的武装——东北人民革命第三军及东北抗联第三军，建立了抗日根据地——东北抗日游击区；解放战争和抗美援朝战争时期，延寿人民倾其所有大力支援前方，运粮的人力小车队、担架队源源不断络绎不绝地开往前线，出现了父送子、妻送夫、兄弟相携上战场的动人场面；当改革开放的春风吹进延寿大地，延寿人勇立潮头，修公路、建新区、美环境、广招商，彻底打开大门，喜迎八方宾客，延寿面貌日新月异，人民生活蒸蒸日上，光辉业绩将千古流传永载史册。

　　《延寿县革命老区发展史》一书，是全体参与编纂的同志不辞辛苦，全面搜集，深入挖掘史料资源，以大量翔实的数据和史实资料再现了延寿县抗日战争时期、解放战争时期、社会主义革命和建设时期、改革开放、中国特色社会主义新时代的历史史实。

全书以习近平新时代中国特色社会主义思想为指导，以延寿县革命老区发展为主线，以史实为依据，运用辩证唯物主义与历史唯物主义观点，分析事物规律，把握时间脉络，记述了近百年全县人民在中国共产党领导下不怕牺牲、前赴后继为中国革命做出的贡献及全县各行各业发生的巨大变化，既有宏观鸟瞰，一县概况尽收眼底，又有微观透视，沧桑变化了然"史"中。一卷在手犹如全县在胸，主政者，可以之为镜，观兴废盛衰，知是非得失，把握未来发展方向；为民者，可以之为师，览家乡全貌，晓发展艰辛，珍惜今天幸福生活。该书集史实性、故事性、趣味性于一体，存史、教化、资治、启后、宣传的意义和价值不可估量，必将成为延寿一张不可多得的名片。

时值中国共产党建党 100 周年即将到来之际，出版《延寿县革命老区发展史》，是全国老区建设促进会"1599 工程"的重要组成部分，也是延寿县革命老区发展的需要，对于广大读者了解延寿革命老区的发展历史、发展优势和发展前景，为关心延寿的人们提供依据和参考，将起到不可替代的重要作用。

目前，延寿县委、县政府举全县之力，全力打好脱贫攻坚战，把脱贫攻坚乡村振兴作为最大政治任务和第一民生工程，统领全县经济社会发展全局，守初心，担使命，找差距，抓落实，解放思想，苦干实干，加快发展。

鉴古知今，继往开来。纂史之意，旨在告慰前人，激励当代，启迪后世，造福桑梓。诚望全国社会各界喜欢延寿，关心延寿，为延寿发展尽心尽力，献计献策，使延寿实现人尽其才，物

尽其用，货畅其流，在社会主义新时代改革开放的大潮中谱写出
新的辉煌篇章。

中共延寿县委书记

第一章　区域概况

第一节　建制沿革

一、历史沿革

延寿人文荟萃，历史悠久，境内有辽金时代和抗联、剿匪遗址，红色基因深植这片土地。原始社会，延寿县境内即有人类活动。商、周为肃慎族属地。秦、汉、肃慎臣属扶余，本境为扶余辖地，汉朝延寿县隶属玄菟郡。三国及两晋属肃慎族，仍为扶余属地，晋时隶属护都夷校尉。南北朝属挹娄族，至公元500年左右，为勿吉，挹娄改称，属境，臣服于魏。唐及五代为靺鞨辖地。唐初役属高丽郑颉府。唐开元元年（713年）以后，属唐廷忽汗州都督府，唐末及五代时期，靺鞨故地尽为渤海所有，建5京15府62州，本境遂为渤海之郑颉府高州（今宾县）境。辽初仍属渤海上京郑颉府，辽灭渤海，本地为女真兀惹部，治所兀惹城（今通河县治附近）。金为上京会宁府曲江县辖境。元初属辽阳行省开原路。皇庆元年（1312年）以后，属女真水达达路吾者部。明属奴儿干都司，永乐七年（1409年）三月设木兴河卫，改属辽东都司。

清朝，属窝集部西北境。清顺治十年（1653年），为镇守宁古塔之按班章京及副都辖境。康熙元年（1662年），归镇守宁古塔等处将军管辖。康熙十五年（1676年），改属吉林将军。雍正三年（1725年），为吉林将军阿勒楚喀副都统辖地。光绪五年（1879年），吉林将军奏准开放蚂蜒河荒地。光绪六年（1880年）十二月初八，吉林将军铭安奏请设置蚂蜒河分防巡检，驻烧锅甸子（今延河镇兴安村周家屯一带）。十二月二十六吏部议奏，第一分防巡检张绍庚，认为该地风水不宜设置，故移至所谓（坐福朝寿苍龙巨器）的福山屯，即今延寿镇址。光绪二十九年（1903年）十月改为县治，定名长寿县，仍属宾州厅管辖。光绪三十三年（1907年）建置行省，隶属东三省总督、吉林省巡抚统辖。宣统元年（1909年），宾州厅升为宾州府，仍归宾州府管辖。宣统三年（1911年），吉林省分设西南、西北、东南、东北四道，长寿县归西北道宾州府管辖。

1914年6月，吉林省西北道改为滨江道，遂隶属滨江道，并更名同宾县。1929年，又改称延寿县。1930年，裁撤滨江道，直属吉林省。1934年10月实施新省制，划归滨江省管辖。1946年1月25日，中国人民解放军三五九旅（老七团、老八团）解放延寿，建立了延寿县民主政府，隶属松江省哈东地区行政专员公署。1954年8月1日，松江、黑龙江两省合并，隶属黑龙江省。1956年设置专区，划归牡丹江地区行政专员公署。1970年2月20日，改属松花江地区行政专员公署。1976年6月，被国家民政部批准为国家一类革命老区县。1996年11月，松花江地区与哈尔滨市合并，隶属哈尔滨市。

二、区划沿革

1922年，因六、七、八警区驻地划归珠河、苇河两设治局，遂将驻一面坡的六区迁至四区的加信镇。将四区原管界拨给六区一半。1929年，全县划为6个自治区6镇52乡。1932年至1934

年，仍沿用民国乡镇制，全县划为6镇52乡。1934年至1935年，全县划6个警察区，每区为1保，共6保、46甲、325个屯。1936年，全县共有6区（6保）、49甲、325个屯。是年归并大屯后，变为6保、148甲。1937年至1938年，划为32保、137甲。1938年至1945年实行街村制，全县分1街、20村、195个区。1948年，实行区村制，全县划分11个区，下设11个街、102个村、388个屯。1949年9月，调整行政区划。长发、新民、新立3个区合并为第二、三区，柳河、平安两区并为第九区，余则未变。全县分为10个行政区，下设113个村与5个街。1955年8月，取消按数字称呼的区，一律以地名设区，即延寿镇、长发区、凌河区、加信区、中和区、安山区、寿山区、玉河区、柳河区、兴隆区。1956年3月将长发区改为高台区，中和区改为崇和区，柳河区改为平安区。1956年4月，全县行政区划进行重大调整，撤销区建制，设1镇6个中心乡，25个小乡（含中心乡），乡下仍为村建制，全县有109个村（街），后又将25个乡并成4个大区和1个县直辖区。1957年撤区建立7个中心乡，下设管理区，管理区下辖生产队。1958年全县行政区划调整，撤销中心乡，合并成1镇16乡。9月全县实现人民公社化，将原16乡划成11个人民公社，下辖106个管理区，管理区下辖生产队。1960年3月，红旗人民公社分为延寿镇人民公社和兴让人民公社，后将兴让人民公社改称高台人民公社。1961年5月，管理区改称生产大队。而后，从六团公社划出8个大队建立了太安公社，从平安公社划出8个大队建立了延安公社，并设立了大山乡（原国营庆阳农场）。1974年12月，从延寿镇和高台公社划出8个大队，建立了新村公社。至1981年，全县有15个人民公社。1984年1月10日，实行政社分设，人民公社改为乡（镇）人民政府。1985年，延寿县辖5镇10乡，共计190个行政村。2001年，延寿县完成乡镇及村级行政区划调整，撤新村乡、高台乡，将其行政区域并入延寿镇；撤太安乡，将其行政区域并入六团镇；撤华炉，将其行政区域并入安山乡；撤延安乡，将其行政区域并入玉河乡（2018年6月玉河乡改为玉河镇）；撤平安乡，将其行政区域并入延河镇。至此，延寿县行政区划由5镇10乡调整为6镇3乡，村级行政区划由196个行政村调整为106个行政村，486个自然屯，1个农场，1个种畜场。

三、乡镇概况

（一）延寿镇

延寿镇位于延寿县中部，是县政府所在地，全县政治、经济、文化和交通的中心。辖4个社区30个居委会，城东、城南、城郊、同安、黑山、班石、新友、永安、洪福、洪山、长发、兴让、玉山、金河、红旗、双金16个行政村，80 566口人。金代大定七年（1167年）曾设曲江县，隶属会宁府，初名镇东，大定十三年（1173年）改称曲江。因地处金朝上京路会宁府治（今哈尔滨市阿城区白城遗址）以东，境内有大河（蚂蜒河）曲折北流，汇入松花江而得名。金末元初毁于战争，此后数百年荒无人烟。清咸丰年间（1851—1862年），有人来此辟地种参，地称蚂蜒河。光绪五年（1879年），吉林将军奏准开放蚂蜒河荒地，准于境内烧锅甸子（今延河镇兴安村周家屯一带）拨留城基；光绪六年（1880年），设蚂蜒河分防巡检；光绪八年（1882年）移治于今址；光绪二十三年（1897年）修建土城。光绪二十九年（1903年）为长寿县治（1914年更名同宾县，1929年改称延寿县）。1932年为延寿镇，1934年改为延寿保，1938年改为延寿街。1948年为城关区，1949年改为第一区。1956年撤区划乡时改为延寿镇。2001年，撤销高台乡、新村乡并入延寿镇。

延寿镇自然环境优美，山清水秀，资源丰富，山林覆盖率

40%，蕴含丰富的野生动物、植物资源，年产菌类、山野菜和林果等天然纯绿色野生食品5 000吨，盛产野生药材为当地农民增加收入。农业基础设施完善，建有小型水库5座，松花江一级支流蚂蜒河贯穿全境。延寿镇南临蚂蜒河与玉河镇隔河相望，北面靠山，东面与六团镇接壤，西面与延河镇毗邻。交通方便四通八达，境内有203省道贯穿全境。延寿镇属大陆性季风气候。特点：冬寒、春旱、夏雨多、秋霜早，四季变化明显。最高气温35℃，最低气温-40℃左右。年降水总量平均为570毫米左右，降雨主要集中在7、8两个月，无霜期120天左右。延寿镇综合经济实力较强，全镇财政收支4 961万元，粮食总产量99 540万吨。绿色特色经济总收入占全镇农民总收入的70%，成为农业和农村经济新的增长点和农民收入的主要来源。乡镇企业发展势头强劲。现有年产值超百万元的乡镇企业23家，年创利税1 550万元，并呈加快发展的良好态势。以运输、商饮、服务为主角的第三产业发展较快。全镇个体工商户发展到700余户，从业人员达8 500人，年创产值5 350万元。被评为黑龙江省文明乡镇。1936年6月，抗日英雄、中国共产党延方特支书记刘士武在延寿镇北门外（今胜利小学处）英勇就义，他是党在延寿最早的活动者之一，也是在延寿牺牲的第一位党组织负责人。抗日志士赵兴武被日本人杀害在延寿镇东北门外的小山根下。

（二）加信镇

加信镇位于黑龙江省东南部，张广才岭西麓，属哈尔滨市郊镇，由延寿县管辖，东部、北部与方正县相邻，南部与中和镇接壤，西部与安山乡毗连。全镇辖区面积181平方公里，境内地貌大体可分为"六山一水三分田"。最高山金凤山，海拔329米。加信镇属于两河冲积三角平原，蚂蜒河位于西北部，亮珠河从南向北流过，南高北低。海拔118~146米，南部岗地相连，岗地北侧是阶地、平原及河漫滩低地。清光绪初年此地称"夹心子"，因位于蚂蜒河、东亮珠河之间，故名。后演变为夹信、嘉信、加信。1919年修建土城。设兵防守，士商咸集。1932年建镇，为延寿县最早的集镇，亦是东部物资集散中心。1934年为加信保，下辖20个甲。1938年为加信村，下辖7个区。1946年3月改为加信区，1949年9月改为第四区。1956年4月改为中心乡，下辖加信、中和、崇和、凤山4个小乡。1958年8月，改为加信人民公社。1984年改为加信镇，为全县第二大集镇，也是延寿县东部经济、文化、交通、物流中心。全镇现有耕地8.3万亩，其中水稻播种面积7万亩，占全镇播种面积84.3%，是一个以水稻为主栽作物的农业乡镇。土壤类型较多，有白浆土、黑土、草甸土、沼泽土、泥炭土、泛滥土、水稻土等5个土类，18个亚类，26个土属，土壤腐殖质层厚20厘米，黏土层北部薄、南部厚，透水性北部强、南部弱，地下水埋深2~12米。植被覆盖度较好，林地面积1.3万亩，南部山区林木茂密，以次生林和人工林为主，森林覆盖率为47.5%。水资源丰富，水域面积2万亩，其中河流面积0.8万亩，水库、池塘、沟渠0.2万亩。加信镇属黑龙江第一、第二积温带，年平均气温3.8℃左右，活动积温2 500℃~2 800℃，平均日照为2 544小时左右，无霜期135－140天，年降水量平均为610毫米。全镇9个行政村，33个自然屯，即长富村、福安村、新建村、金凤村、民主村、太和村、加信村、富民村、同德村，其中富民村为朝鲜族村。全镇总人口2.4万人，其中农业人口1.6万人。民族有汉族、朝鲜族、回族、满族等。镇内有500万元产值麻绒厂一家，9万吨储量的国家粮食专储库一座，亮珠粮油贸易有限公司一家，日处理20吨优质米的粮米加工厂16家，小型水力发电站2座，小型工业企业20余户，商业、饮服业共320户。加信镇是黑龙江省13个水稻生产重点乡镇之一，水田面积7万亩，全部种植优质高产水稻，品种有富士光、莎莎妮、五优稻、绥梗4号等。延寿县亮珠粮油贸易有限公司，以该镇大米为原材料加工生产的"亮珠"牌大米，1999年申办了哈尔滨市无公害农产品标志，2001年申办了A级绿色食品标志，其产品远销齐齐哈尔、哈尔滨、大连、北京、天津、杭州、广州、昆明、上海等城市。养鱼业是加信镇号称"鱼米之乡"的又一项基础产业，全镇有宜鱼水面5 600亩，成功放养面积3 400亩，大小池塘、泡泽、塘坝、水库400多个，人工放养品种有：云斑回、异育银鲫、银鲫、德国镜鲤、鲟鱼、鳜鱼、锦鲤、五鲳鱼、彭泽鲫等新优特品种，年产商品鱼150万斤，产值350万元，是加信镇除水稻以外又一主要产业。2017年，加信镇工农业总产值实现3亿元，固定资产投资增长到1.7亿元，农民人均收入13 200元，被评为黑龙江省文明乡镇。抗日战争时期，加信镇是延寿县抗日根据地的核心地区，加信人民在党的延方特支的领导下，积极支援抗联三军的对日作战，留下了许多可歌可泣的英雄故事。同时也是日本移民小县乡开拓团占地。

（三）中和镇

中和镇位于延寿县东部，地处尚志、方正、延寿三县市交界，镇政府驻中和村，西北距延寿县城65公里。镇域靠近张广才岭支脉套环山西麓，三面环山，亮珠河由南向北纵贯全境，中部地势比较平坦。为延寿至中和公路终点。中和镇1922年建屯，始名大贵街，继称中和屯，因位于东亮珠河与驿马河汇流处，为"综合"之谐音。1932年为中和镇。1934年为中和保，下辖6个甲。1938年为中和村，下辖两个区。1946年3月为中和区。1949年9月为第五区。1955年改为中和区。1958年3月改为中和乡。1958年8月改为中和人民公社。1985年改为中和镇。中和镇东依国营庆阳农场，西部与安山乡为邻，南部和尚志市庆阳乡相连，北部与加信镇、方正县永建乡接壤，区域总面积124.5平方公里。共6 107户、15 473口人，其中农业人口14 054人，朝鲜族1 488人；辖中和、胜利、万江、崇和、富荣、先锋6个行政村，其中先锋村为朝鲜族村，19个自然屯。现有耕地9.8万亩，其中水田面积为8.6万亩，林地面积10.4万亩，森林覆盖率20%，可养鱼水面为1 000亩。中和镇是延寿县东南交通枢纽，有着得天独厚的自然条件，而且还有良好的社会基础和投资环境。中和镇的交通可谓四通八达。每天往返延寿县城班车20次，直达哈市6次，直达亚布力滑雪场8次，直通牡丹江市4次，直达方正县城3次。延寿至中和三级硬化公路，给中和镇的交通事业带来更大便利，拉近了中和镇与外界的距离，促进中和镇经济和社会发展。镇辖区四面被群山环绕，可谓是山青水碧，物产丰富。地理条件属于山区小盆地，气候湿润温和，土地肥沃，水土资源丰富。全镇亮珠河、驿马河、先锋水库三大灌溉水系可灌溉50万亩良田。亮珠河、驿马河均属矿泉水质，含有多种微量元素，上游流程短，天然植被好，没有任何工矿企业，无污染，是生产无公害水稻不可多得的水资源。镇内有优质米生产基地7万亩，每年可生产优质水稻35 000吨，稻草45 000吨。2017年，完成财政全口径收入1 483万元，农业总收入2.1亿元，2016年、2017年获得中国老促会"老区宣传工作优秀奖"。抗日战争时期，中和镇是延寿县抗日根据地的核心地区。1934年，党的武装哈东支队七大队大队长刘海涛率队活动在中和镇，给敌人以致命的打击。党的延方特支也活跃在这里。

（四）六团镇

六团镇位于延寿县东北部，镇政府驻六团村。东部、北部与方正县为邻，南部和安山乡隔河相望，西部与延寿镇、太平川种畜场接壤。西南距县城20公里，203省道过境。区域总面积540平方公里，拥有耕地15万亩，其中旱田9.9万亩。辖六团、东安、永兴、凌河、兴胜、双隆、延新、新合、太安、桃山、团结、富源、双安、奎兴、和平15个行政村、68个自然屯，常住人口18 286人，汉族人口占96%，其余为朝、满、蒙等民族。拥有林地3万亩，森林覆盖率43%，草原面积4.5万亩，水面2.8万亩，水利灌溉控制面积2.9万亩，占耕地的26%。1942年，因驻有保卫团第六团而得名，归凌河区管辖。1946年3月属新立区。1949年9月属第三区。1955年归凌河区。1958年3月为六团乡。1958年8月，凌河、六团、太安3个乡合并为六团人民公社。1961年6月，分出部分大队成立太安人民公社。1984年改为六团乡。1985年5月改为六团镇。2001年，撤销太安乡并入六团镇。六团镇自然资源丰富，依山傍水，是鱼米之乡。因种植水稻、大豆、玉米等农作物的品质优良而颇有名气。辖区内有一大粮库，两个林场，三个水库，交通顺畅，通讯发达。奎兴、桃山两大林场和关门山、团结水库有巨大的旅游发展潜力。2017年，全镇实现社会总产值1.25亿元，镇财政收入实现3.5亿元，农民人均纯收入达到8 000元，全镇优良品种覆盖率达到100%，实现粮豆薯总产5万吨。被评为黑龙江省文明乡镇。

（五）延河镇

延河镇位于黑龙江省东南部，松花江右岸，张广才岭西麓，蚂蜒河中游，距延寿县城15公里。全镇辖区面积273.6平方公里，松花江一级支流蚂蜒河贯穿全镇。北邻青川乡，东部与延寿镇相连，西部和南部与尚志为界，距省会哈尔滨160公里，距尚志市30公里。清光绪二十八年（1902年）建屯，叫常家油坊，因一户常姓开的油坊得名。1932年因靠近柳树河改名柳河屯。1934年为柳河甲，属平安保管辖。1938年为柳河村，下辖6个区。1946年3月改为柳河区。1949年9月与平安合并为第九区。1955年8月又改为柳河区。1956年1月并入平安区。1958年3月成立柳河人民公社。1981年因与木兰县柳河公社重名而改为延河公社。1984年改为延河镇。2001年撤销平安乡并入延河镇，是延寿县的西大门。辖团山、万宝、东明、新发、永胜、延河、福山、横山、兴安、平安、新华、盘龙、星光、新生、新兴、南村、顺兴17个行政村，79个自然屯，5 870户，24 068口人，其中星光、东明为朝鲜族村，镇政府驻柳河屯。全镇耕地总面积20万亩，其中水田9.3万亩，旱田11.4万亩。延河镇西面地势高于东面，地处蚂蜒河河谷平原，镇南面、北面为山地，中间为平原。属大陆性季风气候，四季变化明显。年降水总量平均为570毫米左右，降雨主要集中在7、8两个月，无霜期120天左右。全镇内有河流两条，蚂蜒河自西向东贯穿全镇，流经总长度27公里，西柳树河流经长度7.5公里。全镇林地面积为46 469亩，森林覆盖率11.2%。2017年，财政收支3 352万元，总产值1 347万元，粮食总产量102万吨。2014年，获得哈尔滨市第十五届劳动模范大会"模范集体"荣誉称号。延寿解放初期的"土改"运动中，在平安区（今延河镇平安村）进行"土改"试点，为全县"土改"提供了成功的经验，使"土改"运动进展快效果好，使之顺利进行做出了突出贡献。《东北日报》以《平安区翻天覆地八十天》为题详细报道了平安区的经验。

（六）玉河镇

玉河镇位于延寿县城南5公里，东部与寿山乡为邻，西部与延河镇相连，南部与尚志市元宝镇接壤，北靠蚂蜒河与县城隔河相望，镇政府驻地玉河村玉河屯。玉河镇地势南高北低，南部为山区，北部为平原，区域面积434平方公里，辖新城、玉河、福利、长胜、延兴、黄玉、合心、中胜、火星、延明、延中、朝奉、东光、文化、长安15个行政村，64个自然屯，全镇9 744户，

25 792口人，其中火星、东光为朝鲜族村，耕地面积19.7万亩，旱田多分布在山区半山区，水田多分布在北部的平原。境内有国营玉河林场和黄玉林场，中型的新城水库，小型的金沙河水库和团结水库。玉河镇是一个以汉、鲜、满、蒙等为主的多民族聚居的乡镇。玉河镇原名宋大窝堡。1932年改为玉河乡，因境内黄玉河（今黄泥河）而得名。1934年为玉河甲，属石铭堡。1938年为玉河村，下辖5个区。1946年3月为玉河区。1949年9月改为第八区。1955年8月恢复玉河区。1956年4月改为玉河乡，为县直辖乡，下辖5个村。1958年8月改为玉河人民公社。1984年改为玉河乡。2001年撤销延安乡并入玉河乡。2018年6月改为玉河镇。发源于玉河镇中部的石头河与境北的蚂蜒河交汇，与横穿中西部的黄泥河及三大水库的干支渠，南部、西部山区星罗棋布的小塘坝，由南至北构成了水系网，北部近13 000亩水田发展水稻优质米生产具有得天独厚的条件，也是发展渔业生产的佳地。境内出产猴头菇、山木耳、圆蘑、榛蘑和蕨菜、猴腿菜、广东菜等山野菜及人工饲养松花蛇和山鸡，特色产品的市场供不应求，深受广大消费者喜爱。2017年，全镇地区生产总值11.5亿元，农民人均可支配收入7 698元。是全县旅游中心和南部地区主要商品集散地。

（七）寿山乡

寿山乡位于延寿县城东南9公里，属延寿县中南部。乡政府驻寿山村马鞍山屯。东部与安山乡为邻，南部与尚志市毗连，西部与玉河乡接壤，北部至蚂蜒河与延寿镇隔河相望，区域总面积389平方公里，共4 120户14 886口人，辖三星、寿山、宝山、双星、双志、长志6个行政村，43个自然屯。国营新开道林场位于境内，营林面积15.2万亩。寿山乡地势南高北低，南部为山区，北部为丘陵。长寿山海拔731米，蚂蜒河、乌吉密河过境。寿山乡交通、通讯十分方便，距尚志市亚布力镇50公里。方庄、延中、延亚公路贯穿全境。乡域内自然环境保护良好，乡所在地东南5公里，有近200平方公里面积的原始森林，盛产名贵中草药50多种，山野菜60多种，野生动物物种繁多，自然风景奇特。特别是高硅矿石、偏硅酸矿泉水储量大、品位高。1932年因附近的长寿山得名寿山乡，归平安堡镇管辖。1934年为寿山保，下辖6个甲。1938年为寿山村，下辖5个区。1946年3月改为寿山区。1949年9月改为第七区，下辖9个村。1956年将第七区划为寿山、向阳2个乡。1958年8月，两乡合并，同时划入原八区的同义村，成立寿山人民公社。1984年改为寿山乡。耕地以岗坡地为主，气候特点属大陆性季风气候，四季变化明显，年均降水量570毫米，全年无霜期120天，主要种植水稻、玉米、大豆三大作物。全乡粮食播种面积12.2万亩，其中，水稻种植面积4.3万亩，旱田种植面积7.9万亩，全乡年平均粮食总产量3.3万吨。寿山乡是全县最适合发展多种经营的乡镇，种植的地产木耳、西瓜以优良的品质受到消费者欢迎，栽培的地产水果供不应求。2008年被评为哈尔滨市第三十二届劳动模范大会"模范集体"。抗日战争时期，寿山乡是延寿县抗日根据地的核心地区，特别是李秋岳担任党的延方特支书记时，以从辽宁来寻找亲人的朝鲜族妇女的身份，走村串户，发动群众宣传抗日道理，组织抗日武装，成立"反日会"组织，发展党员，积极为部队传递情报，筹措弹药、枪支和给养。1945年10月，驻延寿苏联红军在寿山小营子（今寿山乡小营子屯）剿匪战斗中，一名红军战士光荣牺牲。

（八）安山乡

安山乡位于延寿县城东侧，西距县城20公里。东部与中和镇、加信镇为邻，南部、西部与寿山乡接壤，北靠蚂蜒河与六团镇隔河相望，乡政府驻安山村。地势东、南两面为半山区或丘陵，北、西为平原。延寿镇至中和公路过境。辖区面积250平方公里，辖安山、集贤、双合、兴山、四合、光明、适中、腰排、华炉、金平、兴福、富星12个行政村，38个自然屯。全乡4 824户，22 092口人，其中农业人口19 286人，以汉族为主，只有少数的朝鲜族、蒙古族、满族。1934年因附近马鞍山（现寿山乡境内）得名安山甲，归延寿保管辖。1938年为安山村，下辖5个区。1946年3月改为安山区。1949年9月改为第六区。1956年4月建中心乡，下辖安山、华炉、寿山、向阳4个小乡。1958年3月合并为安山乡。1958年8月改为安山人民公社。1984年改为安山乡。2001年，撤销华炉乡并入安山乡。属于寒温带大陆性季风气候，无霜期115—125天，年平均积温2 350℃~2 550℃。全乡现有耕地19.5万亩，其中水田11.6万亩，旱田7.9万亩。安山乡属半丘陵地带，南半部为山区，以旱田为主，主要种植大豆、玉米和农副产品。西洋参、天麻、平贝等中草药种植条件良好，产品品质高质量好。安山乡非常适合梨、苹果、葡萄、李子、杏等地产水果的栽培，每年有大量高品质的地产水果上市。北部为平原，多为水田耕作，邻靠蚂蜒河，建有一条长约13 000米的排水灌渠，灌溉面积达7 400多亩。2017年，全乡地区生产总值667万元，财政收支1 197万元，农林牧渔总产值244万元，粮食总产量13.2万吨。被黑龙江省环境保护厅评为"省级生态乡镇"。

（九）青川乡

青川乡位于延寿县城西北部，东部紧靠延寿镇，南部与延河镇为邻，西部和尚志市黑龙宫相连，北部与宾县青阳乡接壤，区域面积312.7平方公里，共4 250户，1.9万人，辖兴隆、河福、百合、新胜、北宁、新民、石城、北顺、北安、共和10个行政村，56个自然屯，乡政府驻地兴隆村兴隆屯，距县城25公里。青川乡三面环山，西柳树河由北向南流经乡境。延寿至宾县公路过境。

兴隆屯原名黄家烧锅，亦称柳树河镇。民国年间，因地处通往宾县的交通要道，生意兴隆，逐渐发展成小集镇，遂于1919年改为兴隆镇。1934年改为青川甲，因地处一趟大川故名，归龙宫堡管辖。1938年为兴隆村。1946年3月改为兴隆区。1949年改为第十区。1956年分为青川、石城、北宁3个小乡，归平安中心乡管辖。1958年3月，青川、石城、北宁3乡合并为青川乡，8月改为青川人民公社。1984年改为青川乡。青川乡自然资源十分丰富，野生动物种类较多，盛产人参、蕨菜、蘑菇等天然绿色产品，产品远销国外。境内的石城山森林公园位于北部北安林场境内，园区有石城河和花砬沟两条小溪，公园气候四季寒暑分明，全年适宜旅游的时间长。除春、夏、秋旅游旺季外，冬季亦有观赏冰雪景色、滑冰、滑雪重要的旅游资源，可谓旅游四季皆宜。森林释放的芳香及杀菌素和氧气在低空中停留的时间长，有益于人体健康。园内有石城峰、白顶山、白石砬子、四方台、清泉、石城河、毛山祠等自然景观。是张学良剿匪纪念地，张学良曾亲率部队三到延寿（当时的同宾县）剿匪，留下了"张少帅三到同宾痛歼平东匪队，一气之下罢了三个官"的佳话。2018年，获得中国老区建设促进会颁发的"老区宣传工作优秀奖"。

（十）庆阳农场

庆阳农场位于延寿县城正东69公里的张广才岭套环山西麓。此地俗称老东山里，抗日战争时期为日本移民信浓村开拓团占地。1947年建场，初名松江省农场。1953年3月与延寿县国营示范农场合并，称庆阳农场，属松江省建设厅。1958年3月设大山乡，1959年2月建大山人民公社。农场体制及隶属关系曾在省、县之间几经变动，1973年归省农场局。北部及东北部靠方正县，南部及东南部与尚志市为邻，西部与中和镇相连。辖区面积78.36平方公里，共1 418户7 593人，其中朝鲜族342人、满族107人。

辖9个连队，11个自然屯，场部驻地三号屯。抗日战争时期，庆阳农场是抗联三军的秘营所在地，至今留有抗联三军秘营遗址和日本移民信浓村开拓团遗迹。

（十一）太平川种畜场

太平川种畜场位于延寿县城北22.5公里。相传在清朝年间，有个"巡抚"到此视察，见四周山高林密，中间一趟大川，人民生活较为太平，遂起名太平川。1959年10月，牡丹江地区农牧局在此办场，命名太平川畜牧场，下辖振兴、燎原、星野、红旗4个生产大队。1962年交由地方管辖。1963年振兴大队划给六团人民公社，红旗大队转为集体所有制，仍属太平川管辖。1967年将星野、燎原2个大队5个自然屯重新划为立新、燎原、星火、建新、畜牧5个大队。1976年畜牧场改为种畜场。1980年将红旗大队划给新村公社。东部靠六团镇，南部与延寿镇为邻，西部与宾县相连，北部与太安乡接壤，辖区面积55.14平方公里，共312户、1 276人，辖4个行政村，4个自然屯。抗日战争时期，太平川种畜场是抗日根据地的核心地区，至今留有抗联三军被服厂遗址。曾是日本移民大塔开拓团占地。

第二节　自然地理

一、地理位置

延寿县位于黑龙江省东南部，南部、东南部和西南部与尚志市为邻，北部和东北部与方正县接壤，西北与宾县毗连。县境四极：东双丫岭为尚志、方正、延寿三县（市）交界点，西大青山为尚志、宾县、延寿三县（市）分界处，南牛卵山接尚志市，北杨木顶子连宾县。介于东经127°54′20″—

129°4′30″，北纬45°10′10″—45°45′25″之间，东西长90公里，南北宽65公里，行政区域总面积3 149.55平方公里。延寿县距省会哈尔滨160公里，松花江一级支流蚂蜒河横贯全境，203省道、尚方公路过境。

二、地形地貌

延寿县总体的地势，由南部、北部向中部倾斜，中部又由西南向东北倾斜，最低处海拔110米。受喜马拉雅造山运动的影响，白垩系各坳陷盆地进一步发育，在蚂蜒河流域产生新断块式下降，形成"依舒地堑"，由西南向东北横贯县境中部，将张广才岭西坡分割为南北两个山区。中部有发源于张广才岭西坡的蚂蜒河，流经尚志市，从西南流入延寿县，沿着"依舒地堑"流向东北，又不断地搬运被侵蚀的物质，堆积不同时期、不同成因的第四系堆积物，形成蚂蜒河的各河谷平原。作为方正、延寿、尚志三县（市）分界点，在海拔958.3米的双丫山和1 007.5米的套环山之间形成。延寿县地貌的形成，是内外地质动力长期综合作用的结果，特别是新构造运动继承者的构造特点，是塑造现代地貌的基本因素。由于应力性质和强度的差异，形成低山、丘陵、台地、平原4种地貌类型，是一个"五山四分田、半水半草原"的地形地貌结构。

三、河流山峰

延寿县境内四河交汇、五山纵横，全县森林覆盖率达51.76%，大气、水、土壤和环境质量均达到国家一级标准。由于蚂蜒河从中部斜穿而过，故南、北皆向中部倾斜，中部又由西南斜向东北，鸟瞰地貌为簸箕形。大河两岸，土地肥沃，水源充足，冲积平原上湖泊沼泽星罗棋布。蚂蜒河为黑龙江水系松花江右岸一级支流,在境内总长96.7公里;东亮珠河是蚂蜒河的最大支流,也是境内第二大河,其次还有西柳树河、大凌河、大柳树河、黄泥河、乌吉密河等23条主要河流。

蚂蜒河是黑龙江水系松花江右岸的一级支流,为延寿县唯一的干流,其他河流都源出于蚂蜒河两侧的山区,汇入蚂蜒河。蚂蜒河发源于尚志市亚布力境内张广才岭西坡的虎峰大岭,开始由东向西流,至苇河镇折向西北至尚志市城往东沿"依舒地堑"流向东北,贯穿延寿县中部,至加信镇利民屯汇东亮珠河,在方正县红旗乡于家屯黑河口东流入松花江。全长341公里,全流域面积10 727平方公里,从发源地至延寿县末端(蚂蜒河与东亮珠河汇流处)流长245.5公里,延寿境内总长96.7公里,流域面积2 818.8平方公里。

东亮珠河是蚂蜒河最大的支流,也是延寿县第二大河,发源于尚志市跃进林场东北张广才岭西坡,流经尚志市庆阳乡汇入木圈河、驿马河,入延寿县境内又汇大遂河、小遂河、寒葱河,由南向北贯穿中和镇中部,沿着加信镇与方正县边界流向北,在加信镇利民屯北2里汇入蚂蜒河。全长138公里,流域面积2 608.1平方公里,其中延寿县境内长46.7公里,流域面积630.3平方公里。

黄泥河发源于尚志市境内的青云山西侧,流经尚志市元宝镇,于延寿县玉河镇流向北,在山河灌区拦河坝下游汇入蚂蜒河。全长61.5公里,流域面积1 030.5平方公里。其中延寿县境内长46.7公里,流域面积217.9平方公里。

西柳树河发源于青川乡北宾屯北与宾县交界的分水岭南坡,是山区性常年河流。由北宾屯向南,经过北安、北顺、种子站、兴隆等屯,有支流双鸭子河汇入,在光荣屯西进入延河镇界内流向南,在延河镇东南汇入蚂蜒河。县内流路长29.3公里,流域面积316.5平方公里。

东柳树河又叫十里河，发源于原新村乡西北与宾县交界分水岭南坡。经原新村乡洪福村马架屯、王德屯、徐家屯、洪桥屯，在权家岗屯进入原高台乡，经张连喜屯西于吴凤屯南汇入蚂蜒河。流路长26.7公里，流域面积196.2平方公里。

大凌河又叫太平川河，发源于太平川种畜场境内的四家子屯南。流经孙菜营屯、畜牧队屯、桦树门子屯，入六团镇境内，经同兴屯、刘家屯、孙富屯，在六团镇东安屯东南流入蚂蜒河。全长30.1公里，流域面积166.2平方公里。

乌吉密河发源于寿山乡与安山乡交界的荞麦楞子山西南侧。流向北，经二龙屯、新开道屯东，折向西北，经双阳屯、果树园子屯，向北流，经车家屯，在王福屯过延中公路汇入蚂蜒河。流路长30公里，流域面积222.6平方公里。

延寿县地质构造复杂。受中国东北部新华夏系构造体系第二隆起带（张广才岭隆起）的控制，主要构造线方向为东北和东北偏北方向，其次为西北向和东西向，再次是局部的南北向构造。境内山岭多为低山，分布在南、北山区，山脉连绵、峰峦重叠，海拔在500米至1 007米之间，为火山岩组成。主要山峰有：套环山、长寿山、大青山和花砬山。

套环山位于黑龙江省中部延寿县东境与尚志市交界处，张广才岭西麓，西南—东北走向，面积29平方公里，海拔1 007. 5米，是延寿县境内的最高峰。山体由花岗岩和部分古生界变质岩系组成。植被是以硬阔叶为主的针阔混交林。混生的有相当数量的红松、云杉、冷杉及杨、桦树等。山区富产蘑菇、山葡萄、山核桃等。野生动物有野猪、狍子、山兔等。驿马河发源于套环山南侧，在吉林长春县西，东北流会新开河，入伊通河。

长寿山位于延寿县城东南14公里，张广才岭西麓，西南—东北走向，面积35平方公里，海拔731.7米。植被多以桦、柞、杨、椴等阔叶林为主。据《长寿县乡土志》载："长寿山距县城南二十里，为县城之向山，高十里余，周七十余里，上有潭四，水极澄清，每遇天欲雨则生云，近山之居民每于此卜阴晴焉。"为东、西长寿河发源地，发源于东侧的为东长寿河，发源于西侧的为西长寿河，皆流入蚂蜒河。原长寿县（今延寿县）因此得名，一说因山得名，一说因河得名。

大青山山脉位于黑龙江省中部，宾县与哈尔滨市阿城区、延寿县、尚志市交界处，属张广才岭北段向西的一条支脉。呈西南—东北走向，西至阿什河河谷（哈尔滨市阿城区西北部），东至玛河（蚂蚁河、蚂蜒河）河谷（方正县、延寿县、宾县交界）。北抵松花江南岸，南至阿什河、玛河北岸。面积150平方公里。大青山山脉东段，是宾县与延寿县界，山地绵延宾县东南至延寿县西北部。山体主要由火山岩、花岗岩构成，一般海拔500~700米，中部地势较高，主峰海拔952米。由于山势巍峨，峻岭蜿蜒，重重叠叠，纵横交错，翠绿浓郁，挺拔入云，故名"大青山"。

花砬山位于延寿县城西北50公里，占地500公顷。五座高耸入云的石砬子，对峙而立，相连成峰，形成了宽500余米、谷深近百米，绵延数千米的天然大峡谷，峰高、谷深、色浓、壁绝、石奇，奇崖上分层叠加的生态森林与石壁交替掩映，色彩斑斓，绚丽多姿；一线天、玉玺石、仙人洞等景观雄浑壮美，大自然的鬼斧神工让人叹为观止；望月峰崖壁上栩栩如生的戏顶石龟和攀岩石熊，已在此驻足了千万年，仿佛在向宇宙天地不停地传递着顽强的生命信息，穿行于其间，仿佛置身"五岳"之中。

四、气候气温

延寿县属于寒温带大陆性季风气候，冬季在极地大陆气团控制下，气候严寒、干燥，结冰期较长。夏季受副热带海洋气团的影响，降水集中，气候温热、湿润。春秋两季是冬夏季风交替的过渡季节，气候多变。春季多大风，降水少，易发生干旱。秋季气温急降，常有寒潮、霜冻的袭击，因而具有冬寒、春旱、夏雨多、秋霜早、无霜期短的特点。根据气候特征，确定11月—次年3月为冬季，4—5月为春季，6—8月为夏季，9—10月为秋季。

延寿县年平均气温为2.3℃，有5个月的时间平均气温在0℃以下。1月份为全年最冷月，平均气温-21.1℃；7月份是最热月，平均气温21.8℃。年平均温差42.9℃。年平均最高气温9.3℃，极端最高气温35℃，出现在1972年7月18日。年平均最低气温-4.3℃，极端最低气温-42.6℃，出现在1970年1月4日。最大年温差77.6℃。年内气温夏高冬低呈正弦曲线变化。7月份以前逐月上升，7月份以后逐月下降。气温变化最大值出现在秋季和春季。秋季气温下降迅速，春季气温回升快。10月至11月平均气温变化达11.1℃，3月至4月达10.7℃。夏季变化最小，冬季次之。延寿县受季风气候影响，干湿季节十分明显。平均降水量571.7毫米。夏季气温最高的时候，也是降雨量最大、最集中的时期。夏季降水量为362毫米，占全年降水的63%。冬季由于受大陆性干冷气团的影响，降雪稀少，历年平均降水量只有35.5毫米，仅占全年降水的6%，形成了长达5个月之久的干季。

由于延寿县依山临水，地形复杂，影响降水量的空间分布，降水量由北向东逐渐增多。全县年降水日平均为120天。降水日数的月份分布，以冬季的12月至次年3月为最少，平均每月只有6天，4月份以后，降水日数逐渐增多，到7月份，降水日平均达14—18天，8月以后又逐月减少。全年日降雨量小于等于25毫米的降水日数平均只有4天，而小于等于50毫米的降水日数平均两年一遇。全年积雪日数120天，降雪日数35天，最大积雪深度33厘米，出现于1981年。

第三节　资源丰富

一、优沃的土地资源

延寿县土地总面积464.5万亩，其中耕地191.5万亩，园地0.2万亩，林地236.6万亩，草地2.7万亩，城镇村及工矿用地11万亩，交通运输用地4.9万亩，水域及水利设施用地17万亩，其他土地0.6万亩。境内土壤有白浆土、暗棕壤、黑土、草甸土、沼泽土、泥炭土、泛滥土、水稻土，计8个土类、18个亚类、26个土属、57个品种。经检测各检测点土壤污染物指标分指数均小于1.0，表明土壤环境现状良好，未受金属元素和农药污染，土壤环境合格，适宜生产无公害农产品。境内土壤以白浆土、沼泽土为主，地力肥沃，土壤P^H为5.5~6.5，有机质5%~6%、全氮0.2%~0.3%、全磷0.044%~0.065%。土质疏松、耕性良好，保水保肥力强，也叫一级阶地。断续分布于延寿县台地前缘，一般与台地无明显界限，其上覆盖一层较厚的黄土状亚黏土。平原分布于蚂蜒河两侧及其支谷中，海拔120米至130米，地势平坦开阔，微向河床倾斜，其上覆盖一层不连续的亚黏土，特大洪水可淹没，故前缘筑有人工堤。蚂蜒河高漫滩前缘有一明显陡坎，高度分别为1~4米，河曲发育，沿岸多牛轭湖，河流密布，水源丰富，地势平坦，土地肥沃。河漫滩上沼泽成片，两岸分为三级阶地，第一、二级阶地面积较大，是延寿县稻粱主要产区。一级平原（低漫滩），分布于东亮珠河流域及交汇于蚂蜒河一带的河床两侧。表层多由亚黏土、砂石组成，海拔116米至150米。低漫滩、牛轭湖、沼泽地最为发达，地势平坦开阔，喜水植物丛生，形成本区独特的地貌类型。总之，这三级平原区面积广阔，自西向东沿蚂蜒河谷分布，是延寿县的主要产粮区。

二、丰富的水利资源

延寿县蚂蜒河在境内的流域面积为2 818.6平方公里，因从境外流入，最易污染，经历年的监测防污，监测点灌溉水污染物指标分指数均小于1.0，表明该地区的灌溉水质量现状良好，未受污染元素污染，适宜生产无公害农产品。多年平均年水资源总量为216 277万立方米。境内所有河流均属松花江水系，多年平均年径流量为219 446万立方米，其中入境水量为155 835万立方米，地下水综合补给量为55 637万立方米；水利工程建设供水能力达2.4亿万立方米，其中地表水为1.9亿立方米、地下水为0.5亿立方米，饮用、灌溉、淡水养殖符合国家规定标准。

三、繁茂的植物资源

延寿县植物资源丰富。山野菜50多个品种，如蕨菜、薇菜、刺嫩菜、猴腿菜、黄花菜等，年蕴藏量5 000吨以上。蕨菜营养丰富，维生素含量是其他蔬菜的8倍。食用真菌主要是木耳和蘑菇两类。蘑菇有50多个品种，如元蘑、榛蘑、猴头菇、紫蘑、花脸蘑等。元蘑年蕴藏量50吨，榛蘑100吨以上，最珍贵的猴头菇年蕴藏量也在5吨以上。干鲜野果有松子、橡子、榛子、山核桃、山葡萄、山丁子、山里红、猕猴桃等。蜜源植物：木本的有椴树、柳树、梨树、山丁子树等，草本的有黄瓜香、小叶樟等，共200多种。可发掘利用的中草药有200余种，年蕴藏量在1 500万斤以上，其中资源丰富、产量大的有刺五加、满山红、人参、鹿茸、黄檗、五味子、寄生、草乌、山豆根、玉竹、百合、升麻、苍术、山龙、车前、蒲公英、白头翁、柴胡等20多个品种；稀有名贵的有山参、平贝、细辛等。已发掘利用的中草药材资源有100多种。

四、鲜活的动物资源

延寿县自古就有"棒打狍子瓢舀鱼，野鸡飞到饭锅里"之说，丰富的动物资源与人类和平共处，自然环境良好。稀有动物有马鹿、紫貂、猞猁、飞龙等。肉用动物有野猪、狍子、野兔等。毛皮动物有黄鼬、灰鼠、麝鼠、狐狸、貉子等。药用动物有熊（胆）、麝（香）、獾（油）等。鸟类动物有野鸡、野鸭、鸠、鸽子、沙鸡、麻鹰、猫头鹰、苏雀、麻雀、色鹰、油鹳、乌鸦、喜鹊、鹁鸪、燕子、啄木鸟、布谷鸟等。鱼类动物有鲤鱼、鲫鱼、鳙鱼、鲢鱼、鲇鱼、黑鱼、狗鱼、黄瓜鱼、麻口鱼、川丁子等。介类动物有蛤、龟、蚌、虾、鳖、蜗牛、木贼及各种蛇类。昆虫动物有蜜蜂、柞蚕、蜻蜓、螳螂、蛾、蝶、蚊、虻、蝇、蚂蚁、蜘蛛、蟋蟀等。

五、广布的矿产资源

金属矿藏：玉河镇长寿山磁铁矿床，C2级储量10万吨；六团镇生产沟磁铁矿床，C2级储量4.5万吨；六团镇生产沟铅锌矿点；六团镇杏山铅锌矿点；寿山乡半截沟铅锌矿点；六团镇双安庙岭铜矿点；延寿镇金河村铜矿点；六团镇生产沟金矿点；延寿镇新村金矿点；六团镇乾兴屯多金属（铜、钛、铁）矿点。

非金属矿藏：六团镇生产沟饰面大理石矿床，C级储量108万立方米；六团镇生产沟大理石矿床，D级储量2 000万吨；六团镇双安大理石矿床，D级储量300万吨；六团镇延吉屯大理石矿床，D级储量200万吨；六团镇太安村安乐屯大理石矿床，D级储量100万吨；六团镇邢家屯大理石矿床，D级储量60万吨；延寿镇金河村大理石矿床，D级储量40万吨；寿山乡荞麦楞子石英矿床，D级储量3万吨；青川乡北宁屯黄铁矿点、延河镇团山子油页岩矿点、寿山乡小孤山水晶矿点、寿山乡荞麦楞子钾长石矿点、安山乡黄家木营水晶矿点、安山乡腰排村水晶矿点及玉河镇福利煤矿等都分布着丰富的矿产资源。

第二章　抗日战争中的人民武装与根据地建设

第一节　延寿人民自发的抗日浪潮

　　"九一八"事变后不久，日本侵略者几乎占领了东北三省，消息传到延寿，官绅惊恐，地主骇然，而人民百姓却义愤填膺。1932年2月，正值春节，原延寿县县长李有忱竟持印不辞而别。不久，吉林省政府委任县二科科长沈德荣为县长，但沈德荣也不知去向。县内各会及名流几经协商，公推绅士李绍唐出面行使县长职权。哈尔滨保卫战失利后，散兵游勇流窜到哈尔滨市附近各县，这些人杀人越货，抢掠骚扰，民不得安，县府官僚惶惶不可终日，岂顾百姓安危。唯有城乡劳动人民民族气节极佳，他们为地方清静与安宁，自发地组织起自卫之师——红枪会，一为保卫家乡，二为迎战日本侵略者。不久，义勇军各部从哈尔滨撤至延寿。延寿人民和延寿红枪会便同义勇军一道在延寿境内与日本侵略者及伪军展开了浴血搏斗，谱写了延寿人民反抗民族侵略的恢宏篇章。

一、配合义勇军奋起抗日

　　1932年2月5日以后，改编为抗日义勇军的东北军陆续撤到哈东各县。其中，丁超、邢占清率部经巴彦、木兰撤到通河，后丁超又渡江到方正收容残部，邢占清则转到延寿县加信镇。冯占海经宾县、高丽帽子转移到会发恒和延寿的袁家屯。李杜部队继冯占海之后撤回依兰，王之佑的前敌指挥所设在延寿县城。

义勇军退出哈尔滨后，与哈东各县人民自发组织的抗日武装队伍，如"红枪会"等多次与日伪军作战，给敌人以沉重打击。日本侵略者恼羞成怒，1932年春节刚过，便对包括延寿城在内的哈东各县城进行多次轰炸，对中国人民犯下了滔天罪行。2月中旬，王之佑在延寿主持召开军事会议，参加会议除丁超、邢占清、冯占海、赵毅和李杜的参谋长杨耀均外，还有原山林警察统带宋希曾及部分团长，方正、延寿、珠河等县县长也出席了会议。会上分析了敌我态势，与会者一致认为：日军占领哈尔滨后，急于建立傀儡政权，恢复地方秩序，短期内不会东侵。方正、延寿、珠河地区北临松花江，南依中东铁路，地势险要，进可攻，退可守，便于义勇军作战。而且下江13省县地域辽阔，物产丰富，拥有兵力四五万人的义勇军受到广大人民群众的热情支持，定能与敌长期周旋。于是会议决定，坚守延寿以西的黑龙宫、乌吉密（今尚志市黑龙宫镇、乌吉密乡）地区，保卫下江人民生命财产安全，并部署各部队的驻地和防范任务。当时的防务分布是：赵毅的二十二旅驻延寿平安堡、兴隆镇、三区派出所一带，总队设在延寿县城里的信义城。冯占海部驻会发恒、桶子沟、袁家屯。杨质彬的骑兵第三旅、宋希曾的山林警备队驻守黑龙宫，担任前方警戒。邢占清部主力驻加信镇。郝奎武团驻珠河县（今尚志市）元宝镇。丁超部驻方正城内。八六一团李辅亭部驻一面坡（今尚志市一面坡镇）。李杜驻守依兰（今依兰县）。前敌总指挥部及直属队驻延寿城里。各部配置后，王之佑深感自己没有基本队伍，缺乏实力，便开始改编哈东各县的保卫总队，把珠河县保卫总队编成省防军第一团，由原珠河县长薛子良兼团长；延寿的保安总队改编为第二团，朱方溪任团长；原省防军第二团二营刘化南部编入该团建制，仍担任总指挥部的警卫任务；苇河（今尚志市苇河镇）保卫总队编为第三团，徐文斌任团长；榆树县（今吉林省榆树市）保卫总队编为骑兵总队，龙达三任总队长。还将各地前来参加抗日的青年学生1 000多人编成学生总队，总队长姓兰。

各县进入新防区后，根据总指挥部的命令开始整顿军纪，安顿人心，保护商民安居乐业。王之佑还率领参谋处长、副官长及卫队营到各地视察，检查军纪，令一随从副官携带大令，发现违纪者就地处置。赵毅二十二旅的六二二团有个副官，在延寿平安堡强奸一名妇女，事后赵毅亲自查实，将该副官就地正法，斩首示众。由于整顿军纪，各部队与当地民众友好相处，下江各县商民代表携酒肉等慰问品，纷纷到各部队驻地慰问，对抗日官兵鼓舞极大。各部队抓紧整训，构筑工事，开展练兵活动，军民抗战的热情空前高涨。

义勇军在延寿布防，引起日伪不安，熙洽、于琛徵先后派孙其昌、蔡云生、王家骏、张星桥等人到延寿，对王之佑进行劝降。答应说只要"自卫队与日伪合作，接受改编，不再采取敌对行动，日方将保证维持各部队原编制，按月发给粮饷，并保证生命安全"。王之佑对此很感兴趣，要求先行补充，再行改编。他说采取此举是为了拖延时间，设法骗取一些粮饷弹药。此间，他曾派省防军第二团副团长王铁铮去哈尔滨进行暗中联络。

双方"谈判"一直拖到3月初，没有结果，日伪发出"最后通牒"，胁迫义勇军就范。前敌指挥部便作了应战安排，令黑龙宫的杨质彬骑兵第三旅指挥山林警备队在太平岭设阻，骑兵主力在蜜蜂站（今尚志市帽儿山镇蜜蜂村）北山，对敌人迂回包抄，驻一面坡的李辅亭团依附铁甲车队，坚守一面坡经蚂蜒河铁桥于姑娘车站一线，破坏铁桥，阻击敌人前进；另命该团的第三营张炳苏部在帽儿山（今尚志市帽儿山镇）埋伏，待敌人兵车通过后破坏铁路，阻击敌军后援。赵毅第二十二旅防守三区派出所至珠河一线，二十六旅郝奎武配合二十二旅从左翼迂回，合力歼灭敌人。3月4日，日伪军在飞机掩护下，分三路向义勇军进攻。中路由宾县出发，进至太平岭、黑龙宫后，先以重炮猛轰义勇军阵地，守军奋起反击，战斗相当激烈，双方伤亡很大，旅长杨质彬奋不顾身、亲临前线指挥，在敌人攻入黑龙宫时身中数弹壮烈牺牲。北路军由宾县出发，向东经新甸、高丽帽子直扑桶子沟、会发恒的冯占海防地，遭到冯部猛烈还击，击溃敌军一个旅，并缴获很多战利品。南路敌军由多门师团的小以联队和于琛澂伪军两个旅组成，乘火车进至珠河附近。但在帽儿山担任破坏铁路任务的张炳苏部连长邓云章事先被敌人收买，敌人一到他就率部投降。营长张炳苏未及提防，只好孤身撤回，敌兵车顺利通过，三区派出所战势十分严重。

为了瓦解义勇军的抗日力量，于琛澂奉日本主子之命在自己军队中利用一些士兵的弱点，采取封官许愿、拉拢、收买等办法破坏抗日力量。3月6日晚，于琛澂在珠河火车站给王之佑打电话向王诱降，王之佑暗中投敌。翌日，王之佑身着便衣，率参谋处长任中人、副官董新三、秘书宋怀卿、省防第二团团长宋方溪等人随劝降人张星桥前往珠河。临行前，王之佑并没有露出作汉奸的嘴脸，他曾召见前方总指挥官和延寿城的部分团长，欺骗说："现在是大敌当前，一发千钧之际，各部队应团结一致，听参谋长指挥，坚守阵地……为延寿军民免遭涂殃，我决定亲自到哈尔滨谈判，如果成功了，可骗取一些东西补充部队，待机再战。谈判失败，个人牺牲在所不惜，我早已把生死置之度外"等花言巧语。王之佑离开当天，驻三区派出所的二十二团团长陈德才投敌（后被任命为伪警备第九旅旅长），延寿的大门敞开了，于琛徵伪军便长驱直入向平安堡、兴隆镇进发。前方部队请示指挥部时，参谋长任中人还被蒙在鼓里，他回答说："为了王总指挥安全，我们不要与敌冲突，各部可撤至公路两侧。"敌军得以顺利通过我军防地，向延寿进发。但在加信子东大河沿，抗日义勇军赵毅二十二旅的薛营长，奉命率军阻击日伪军前进。1932年3月30日，同日伪军展开激战，消灭伪军近百名，日军30名，薛部官兵几乎全部阵亡。

二、广大民众自发抗日

延寿沦陷后，日本侵略者在延寿烧杀奸淫无恶不作，他们的兽行激起各阶层民众的强烈愤慨，群众自发地组织起来同侵略者进行血战，掀起了抗日浪潮。首先是中小学教员带领中小学生走上街头，特别是县立中学的学生成立了抗日宣传队，他们发传单、贴标语，进行街头演讲。学生谭喜庆、刘广生、赵军等人还在方正、依兰进行宣传，后来直接参加冯占海部投笔从戎，同日本侵略者进行战斗；从事印刷业的小业主田桂云也自动投入抗日洪流中，免费为学生、各界人士印发传单、标语，她还亲自到街头、戏院、甚至赌场进行慷慨激昂的演讲，声泪俱下地号召有良心的中国人起来抵抗日本侵略者；县邮局的工人发起了"抗日通讯运动"，号召全县每个人都给外地亲友写信，动员他们为抗日贡献力量，邮局免收这些信件邮资，江桥抗战打响以后，延寿人民发起轰轰烈烈募捐慰问高潮，一下子就捐了3 000多元，有些公教人员捐出了半个月、一个月的工资。

不甘心当亡国奴的广大民众也纷纷拿起武器走上前线，同日本侵略者进行顽强的斗争。赵兴武所指挥的抗日救国军混成第十一旅就是这样的一支队伍。赵兴武，延寿县延安乡人，1931年前是地方老三团保卫队长。"九一八"事变后，他拉起数千人的队伍进行抗日。主要活动在延寿、珠河、苇河、阿城、宾县、五常、双城一带，给日本侵略者以致命打击，被爱国将领王德林委任为中国抗日救国军混成第十一旅旅长兼前线督战司令。他的队伍最多时达7 000多人。赵兴武改名赵天狗（取"天狗吃日"之意），以表达与日本侵略者血战到底的决心。他作战英勇，指挥有术，带兵有方，军纪严明，深得哈东地区人民拥护。日本侵略者对他恨之入骨，曾在延寿城门张贴告示，以重金悬赏赵兴武的人头。

1932年的秋天，抗日救国军攻打五常县（今五常市）城。经过半宿激战，救国军攻破城防，打进半条街。正当部队纵深推进的时候，日军设在街中心的一个大碉堡突然扫射，救国军的队伍又被敌人火力压到城外。这时，天已大亮，日军出动十余架飞机进行狂轰滥炸，救国军被炸散了，损失严重。赵兴武因劳累过度，加上肺病复发，部队被打散又火上浇油，当时大口吐血，经过数日治疗无效，不能带兵打仗。他把部队交给管景芳（绰号"管熙洽"）。于农历腊月十七潜回朝阳村，请李花先生给治病。赵兴武只能隐蔽在地窝棚里，部队的事情是通过通讯员赵喜山（绰号"赵咬子"）和管景芳联系。

翌年初冬，赵兴武的部队在大顶山一带休整。此时，环境艰苦，给养非常困难，加上日军"讨伐"，致使一部分意志薄弱的人背叛了革命。赵兴武的队伍中有个叫白景石的人，曾强行用一双破胶鞋换老百姓一双乌拉（东北的棉鞋），用一条破棉裤换百姓一条八成新的棉裤，受到赵兴武严厉批评。因此，他怀恨在心，趁县公署悬赏赵兴武之机，他勾结朝阳村保甲隋兴，到县城出卖了赵兴武。1934年农历腊月二十晚上，白景石领着日本警备队的4人和保安队的6人坐着汽车去抓赵兴武。他们怕赵兴武听到汽车的响声跑掉，在距屯子2里地的野外就把车子熄火，然后步行偷偷摸进屯子。白景石怕有人认出他，把日伪军领到赵兴武所住庭院的大门前，并告诉赵兴武最明显特征是一只假眼睛后就溜走了。敌人包围了赵兴武的住处，踹开柳条子编的门，进屋用手电筒照每个人的眼睛，屋里的人毫无防备，赵兴武和他的弟弟赵宪臣当场被捕。

赵兴武被押到延寿县城日本守备队。县公署指挥官哲力（日本人）如获至宝，乐得合不上嘴。抓住赵兴武去了他一块心病，他得意扬扬地说："就是给我十斤黄金换赵兴武我也不干。"敌人把赵兴武带到日本部队连夜审讯。几经拷打，赵兴武什么也不承认，然后又把他带回了守备队，变本加厉，在他的脑袋上扎了24根针，严刑拷打到天亮，敌人依旧没有得到有用的东西，早6点又把赵兴武带到宪兵营，一进屋就让他跪下，通过翻译进行审讯，翻译说："你一只假眼睛，连我都认识你是赵兴武，你怎么还不承认？"赵兴武火了："我就是反满抗日的赵兴武，你愿意怎么着就怎么着！"这时伪军大队长常万祥也证实说："我和他打过仗，他确实是赵兴武。"赵兴武和常万祥是老乡，早就互相认识，但走的却不是一条路。一听这话赵兴武更火上浇油，破口大骂，把常万祥骂得灰溜溜地走了。当问到部队的活动，赵兴武只字不说，敌人用灌辣椒水、压杠子等酷刑来摧残赵兴武，折磨了半天，结果一点情报也没有得到。

两天后的1934年农历腊月二十二下午2点多，赵兴武和他的弟弟，还有12名无辜的当地农民，被押解到延寿城东北门外的小山根底下，哲力亲自用战刀砍死了年仅33岁的赵兴武，浇上洋油焚尸，赵兴武连具完整的尸体也没有留下，他弟弟赵宪臣事后被释放回家。白景石出卖并亲自带人抓了赵兴武，立了"大功"，日本人赏给他2 000元钱。两个月后，赵尚志领导的哈东反日游击队抓住了白景石，他们立即派人同赵兴武的部队联系，征求处置白景石的意见，赵兴武部队责成哈东反日游击队用绳子勒死了这个叛徒。

在加信镇东亮珠河口（旧称李麻船口），抗日战争时期，渡口上有对叫汤凤的父子二人，他们以摆渡为业，接送南来北往的人过河。父子二人为人和善，待人热情，穷苦百姓乘船过河，从不索要船费，深得人们称道。父子二人也是抗日根据地的交通员，延寿地下党组织经常在中和、加信一带活动，延方特支书记李秋岳，以及刘士武等党的负责人，时常过河到东山里同赵尚志等领导的抗日联军联络。但有时他们不能自己出面，于是传递情报的任务就落在汤凤父子身上。抗日联军与地下党定好联络暗号，由汤凤父子把各种情报、支前物资、抗日经费、武器弹药等由河西运到河东，再由联络员运进山里，送到抗日军队里。1936年秋，叛徒出卖了汤凤父子，这对为抗日军民做出卓越贡献的两代人，被日本侵略者活埋在加信镇北门外。

上述这些就是延寿人民在大敌当前，民族存亡的紧急关头所表现出的自发的爱国行动。这种崇高的爱国主义精神和民族情结是中华民族的优良传统，也是留给子孙后代的一笔巨大宝贵的精神财富。

三、保家卫民的红枪会

延寿县的红枪会是"九一八"事变后，在1932年上半年延寿境内的溃兵散匪骚扰、日军侵入的动荡时期兴起的。

1932年春天，哈尔滨失守，在松花江南北，兵荒马乱、散兵游勇遍地、土匪横行，他们狼狈为奸，奸淫抢掠，无所不为。贫苦百姓特别是年轻妇女深受其害。为了保卫家乡，保卫自己的生命财产不受侵害，广大农民纷纷拿起武器走向战场，同境内外的敌人进行了顽强斗争。在斗争中发展起一支群众性武装队伍红枪会。成立红枪会的目的，是对内拒绝苛捐杂税，惩办贪官污吏，打土匪、击溃兵、保自己；对外则驱除日军，保我河山。口号是"抗日救国，替天行道，为民除害"。这支队伍平时分散，有敌情时集中，谁都可以参加，具有广泛性和灵活性，赢得了广大农民的支持。所以队伍发展得特别快，几乎到处都有。如1932年春天，在"山东窝棚"种地的段希峰组织了天门香红枪会，段自任大法师，下设掌盘的。当时，日本侵略者还没有侵入到延寿县，但到处是土匪，红枪会打土匪，保护老百姓种地，深受群众欢迎，大部分群众都参加了这个组织。"九一八"事变后，横山头金斗宫老道张理悟在横山组织天门香会，后改为红枪会，与日军进行战斗。此外，还有玉山的金生道，安山、民志等地的"大刀会"，全县各道派红枪会人数最多达四五万人。这些道派红枪会行动起来浩浩荡荡，打起仗来非常勇敢，常使敌人陷入重重包围之中，由于短兵相接，敌人措手不及，虽有精良武器也无济于事。因此，红枪会这支群众武装，当时在阻击敌伪军政人员逃散时掠夺民财，防止盗匪烧杀抢掠以及稳定地方治安等方面确实起到了一定作用，至于打击侵略者和消灭伪军更是可歌可泣。红枪会的兴起成了全县抗击敌人人数最多、力量最强、斗志最坚决、斗争坚持时间最长的群众武装组织。

1932年4月，日本天野旅团协同伪军于琛徵部侵占了延寿县城，不久，留下李维一旅驻扎城内，其部下杨秉灶团有500多人。驻扎兴隆镇之后，吃粮、花销都由当地负责，加重当地群众负担，使人更不能容忍的是其军纪败坏，敲诈勒索，奸淫妇女，甚至残害人命。群众怨声载道，对杨团恨之入骨，于是百姓们寻机报复，用铁勺、大斧、菜刀、铁锹、镐等工具打死杨团士兵事件时有发生。兴隆镇（今青川乡）北贾家大院一带，山东人樊山璞组织了"黄门红枪会";山东人段其山在二荒山组织了"坎门红枪会";蔡金超在新胜沟组织了"天门香红枪会"。这三支群众组织共有70多人,曾一度击退了黑龙宫驻军七队的抢劫,杀死了佟连长等4人,活捉了30多人,缴获了全部枪支,而自己无一伤亡。群众对红枪会十分信赖,纷纷要求他们出击兴隆镇赶走杨秉灶团。

樊山璞满足了群众的要求,决心惩治杨秉灶团。经过一段时间的训练,于4月在贾家大院开会,决定先礼后兵,派人送信给杨秉灶,令其立即撤出兴隆镇,并且归还群众的一切财物。然而杨秉灶对这一严重警告置若罔闻,他依仗日军的支持有恃无恐,准备与红枪会决一死战,于是在街北西柳树河挖堤防、筑工事,架起了机关枪和迫击炮。杨秉灶的举动彻底激怒了樊山璞和红枪会会员,他们一致表示要杀杨团为民除害。在编好队伍之后,举行仪式,并且各自准备了武器。一切就绪,樊山璞率领红枪会会员头裹红巾,臂带红标,手持红缨枪,横排列队,直捣杨团阵地。早有准备的杨秉灶妄图阻击红枪会的进攻,但是怒不可遏的红枪会会员们,迎着滚滚的硝烟,冒着枪林弹雨,奋不顾身地冲入阵地挥枪挑刺如入无人之境,尽管杨团用钢枪扫射,而红枪会会员竟无一人受伤。相反,杨团的亡命之徒在红枪会的猛烈攻击下吓得魂飞魄散,抱头鼠窜。红枪会会员们则乘胜追击,一直杀到虎圈山前,收兵回阵,西柳树河畔尸横遍野,到处是杨秉灶团士兵丢弃的武器、弹药。战斗结束后清查战果,共杀死杨团官兵100多人,缴获长短枪100多支,给养车13辆。

兴隆镇杨秉灶被红枪会杀得落花流水的消息不胫而走,很快传到驻扎在县城的李维一旅,他们坐卧不安,慌忙向日军告急,日军指示以安抚为主。于是派绅士张绍清等人去兴隆镇劝降,条件是红枪会交还武器和给养后解散回家,可既往不咎。当即遭到红枪会的严厉拒绝，并勒令李维一立即撤出县城，否则和杨团下场一样，谈判没有达成协议，红枪会重整队伍，开往县城北部的班石村，准备和那里的红枪会会师，进而联合其他地区红枪会，再次攻打县城。张绍清等人为了不担责任，急忙把谈判结果和红枪会动向用电话向李维一作了报告。这位旅长竟不堪一吓，慌忙率领人马逃往珠河。等他的使者张绍清等人回到延寿时，连一个官兵的影子都没有看见。就这样，兴隆镇的红枪会"杀杨团吓跑李维一旅"的故事至今流传于民间。

杨秉灶团被歼灭后，日伪兵力短缺。为了控制铁路沿线要地及非铁路沿线的主要城市，地处偏远的延寿便无力顾及，这时，东北军的邢旅、冯旅的部分队伍和杨指挥的部队，先后驻守延寿，由于战局变化，县城的少数留守部队也时有进出。就在这种局势下，各山区纷纷组建起的各种道门的红枪会，以抗日保民为号召，各地农民纷纷入道，不长时间就拉起了强大队伍，他们先后联合珠河县红枪会，曾攻打过珠河火车站、县城的何公馆，给日本人以致命的打击。红枪会这个队伍以佛法道经为戒律，保护人民生命财产秋毫不犯，扬我国威，振奋士气，给人民抗日增添了信心。1932年5月，红枪会占领了延寿县城，当时日本报纸也有过报道说："二千大刀会占领延寿。"实际数字比这大得多，据资料统计有四五千人。

红枪会大队人马浩浩荡荡，旗幡招展，挥舞红缨枪、大刀片、喊杀震天。在延寿城街上游行，以显示红枪会的阵容。队伍聚集在会升东烧锅院内，然后分散住在各处。

红枪会进驻县城后，执行佛法道经，不扰商民，纪律严明，并到各乡约束散匪溃兵，要他们爱民抗日，以"慈悲为怀"等。红枪会进驻县城后，对于稳定当时的社会治安起到一定作用。

红枪会进城后，赶走了旧县长李有忱，强迫绅士李绍堂为临时县长，但仍是红枪会主政。红枪会初进延寿城，纪律严、不扰民，受到民众欢迎，但执政后，由于各道门、各派系之间有分歧，在对敌斗争、民事处理上各持己见，使得矛盾日益加深。入夏后，个别道门的大小头目争权夺利，加上纪律松弛，无端干扰群众，个别人腐化堕落，渐渐失去了人民群众的信任和支持，红枪会的战斗力逐渐削弱。又加上旧东北军李福亭（绰号"李破烂"）军队，收编各地溃兵散匪进入县城，占据各村屯，杀猪宰羊，骚扰民众，全县失去控制。1932年12月，日军上田大尉率领日军一部，在伪保安大队长常万祥（"常罗锅子"）事先导演下，串联县内妥协分子里应外联要进攻县城，红枪会考虑到县城民众的安全与李福亭的队伍在一天的半夜悄悄地从东北门退出延寿县城。次日凌晨，日伪军一枪未放，兵不血刃就侵占了延寿城。汉奸常万祥同延寿绅士大户张绍清、张景秀、边显臣、孙志学等人举着膏药旗，开门迎进了日军上田大尉、"协和会"的井东信夫及伪军邓云章团。12月9日，伪县长李春魁到任，组建了伪县公署。1933年春，张冠英任延寿县驻军统带。他带领着他的一连白俄卫队及其所属部队进驻延寿。配合日伪军肃清了延寿城的红枪会和东北军余部。随之确定李春魁为延寿县第一任"满洲国"伪县长及日本参事官，从此，延寿广大人民群众便生活在伪满统治的水深火热之中。

四、红十字会及国民党的抗日主张和行动

国际红十字协会几乎在世界各国都有会员，而且历史悠久。它的伟大之处是在战时、巨大灾难及突发性灾难时提供人道主义救济和援助，因此，这个国际性组织一向被人类誉为救死扶伤的天使。

延寿县红十字协会要追溯到1921年，当时延寿叫同宾县。

张作霖统治东三省时有他独出心裁的管理手段，但在国际上他却一点都不轻视国际性的法律约束，加入国际红十字协会就是他亲自倡导的。1922年秋，长春红十字分会在同宾县城设立了第三医院，全县城乡绅商大户、布衣百姓有了治病场所，所以深受社会各界的欢迎。不久，根据县署意见，由仕、农、工、商界的头面人物联合呈文，请求组建红十字协会。当时的吉林省没有照准，而且会同同宾、五常、宾州一起组建了国际红十字协会中国东三省"同、五、宾分会"，会址选在同宾县。这一年11月23日，同宾县奉令到奉天（今沈阳市）红十字总会领取了有红十字的印旗及路军部所发印旗、标志。宣告"同、五、宾分会"成立。会址设在同宾县城内关帝庙东胡同，占地约510平方米，并附属同宾第一医院及一面坡的临时施疗所。当时分会会长是赵鹤令，副会长李绍唐（农会会长），理事长王炳辰，副理事长李桂一，专职理事钱庆达及其他成员11人。分会成立后共有会员81人。

1931年"九一八"事变后，日本侵略者很快占领了东北大部。1932年2月11日，日本飞机多次来延寿投炸弹，炸死、炸伤无辜百姓多人，县城内百姓四散逃避，加上哈尔滨失守后的难民、散兵游勇，遍布延寿城乡各处。正值数九隆冬，天气奇寒，路有冻殍，其死者惨不忍睹。

1932年2月19日，"同、五、宾红十字分会"出于人道主义和恪守红十字惯例，自发组织救护。他们首先在延寿县城东南门外和加信镇、平安镇、元宝镇等处开设救护医社，在金沙河建难民收容所，收容流浪在各地疾苦难民；在县城吉顺栈、德利长木临时开设救护医院，收容、救护各处受伤及有病的难民。

1932年3月，哈东战事起。26日，已经投降日本侵略者被委任为骑兵司令的于大头（于琛徵）同日军天野少将占领延寿县城。28日，日伪军继续东进，分别在加信大河东沿、会发恒、桶子沟与自卫军发生激战，特别是桶子沟一带的战斗尤为激烈，冯占海的卫队团、宫旅、姚旅、冯国霖独立营在桶子沟大胜日伪军。然而，双方伤亡惨重。战事的发生，大批伤员出现，牵动了"同、五、宾红十字分会"，他们出于职业的本能，人道主义的精神，救死扶伤的道德，抛开作战双方的仇怨，组织了战地救护队、尸体掩埋队，把大批伤员送到医院治疗，驻会发恒一处就救护了48名伤员；同时以刘忠堂率领的第一队，张广和、赵景春率领的第二队，打着红十字旗，背着药箱在加信、会发恒、桶子沟一带，光掩埋作战双方牺牲人员的尸体就达278具，每个死者墓前设红十字木标，书写死者姓名，以备他日家属认领。

1932年4月26日，自卫军反攻延寿城。到5月1日，自卫军与日伪军从延寿打到珠河县。此时，虽然仍打着"同、五、宾红十字分会"的旗帜，其实均为延寿县中、西医两界著名医生组成了人数众多的救护队，开展救援工作。几天时间先后从战场上接受伤员近百名。因此，原来的红十字协会所属医院已不能容纳这些伤病患者，红十字协会立即把县立高级小学校（今公安小学）教室改作临时医院，所需药品、器械等支出费用均由延寿县农、商两会列支解决。

1932年对延寿县来说是一个多灾多难年月，兵荒马乱，天灾人祸。日本侵略者尽管遭到不甘作亡国奴的延寿人民的坚决抵抗，但还是在延寿建立了伪政权。又恰逢当年天灾即有名的北满大水灾。这一年夏天，终日阴雨连绵，至7月4、5日两天，暴雨如注，蚂蜒河水如脱缰野马，冲破堤防，淹没两岸村庄、田野，洪水涌进县城，延寿城内一片汪洋，大街小巷，漂流着衣食杂物和挣扎的民众。此时，延寿的红十字协会做出了令人难忘的贡献：他们募得藏粮船一艘，组织修护队一支，成立难民救济处，同时，在洪水过后又组成工程队抢修道路、桥梁。据资料统计，红十字分会会员张崇文、郑宝和、祝国臣、阎德馨等人组成的工程队在金沙河、加信镇等地修复桥梁多座，道路30多里。

"同、五、宾红十字分会"的行动得到红枪会的大力支持和协助。红枪会为抗击日本侵略者，保护家乡人民生命财产安全做出了很大贡献，在参加战事、抗洪救灾、收治难民中出动几百人次，先后救治伤员、难民达千余人。在当时没有统一组织领导的情况下做出这样贡献是非常难能可贵的。1932年12月9日，伪满洲延寿公署成立，李春魁任县长，"同、五、宾红十字分会"停止活动。

国民党当时的抗日主张和行动。1937年"七七"事变以后，国共两党又一次合作。1938年，国民党吉林省党部主任王乃政在延寿县发展了李芳春等16名国民党党员。1940年，国民党吉林省党部哈东地区委员韦仲达，委任李芳春为延寿县国民党党部第一任书记长。党部负责收集军事情报，掌握人民抗日动向，发展国民党党员，宣传抗日主张，发动绅商仕民，抵制日货，组织秘密抗日团体等。他们的反满抗日活动，虽然只停留在散发传单、宣传抗战形势和日本侵略者必败、中国人民必胜的道理上，但这也是一种抗日的力量，日本侵略者同样视为不能允许的反日活动。

1944年3月17日，吉林省国民党党部委员兼哈尔滨市国民党党部书记长张涛因一个亲戚告密被捕。日本侵略者在吉林省各地同时逮捕33名国民党党员和爱国人士，其中包括国民党延寿县党部书记长李芳春和国民党东北党务专事处哈东地区督导员韦仲达、珠河县国民党党部书记长李泽山、方正县国民党党部书记长石宝光及国民党党员李香山。李芳春被捕后，被押关到伪滨江省警察厅特高科，他受尽长达三个月的折磨，又被送往长春关押，一直到"八一五"光复才被释放。国民党党员李香山，后为吉东国民党党部副督导员，1944年3月17日被捕后，在县警务科受到日本佐藤亲自审问。李香山理直气壮，义正词严，从容对答。承认自己是国民党党员，承认参加了反满抗日活动。后来李香山被押送到哈尔滨滨江省警务厅特高科，在狱中他受尽了折磨，1944年中秋节在狱中惨遭杀害。延寿的国民党党员在祖国遭受侵略时，能够把枪口对准侵略者，在死神面前无所畏惧，也是值得称道的，在延寿县革命斗争史上也是不可忘记的。

五、日本"开拓团"侵略行径

日本帝国主义在东北建立伪满洲国后，为了掠夺我国农业资源，支援日本军国主义侵略战争，在辽宁、吉林、黑龙江三省及内蒙古等地建立了大批"开拓团"，仅延寿县就有大塔（今太平川种畜场）、信浓村（今庆阳农场）、小县乡（今加信镇）3处。

1.大塔"开拓团"

太平川种畜场场部南1.5公里处，依稀可见有近万平方米院落遗址，现在仍可见残垣断壁和砖石瓦块，走进围墙后停车辨认，尚可见一排房屋地基，院落大门及甬道，残墙外是一条通往六团镇的公路，路北仍可见建有长栋房子的痕迹。这里就是日本大塔"开拓团"遗址。其实，这里建筑还不只是建在大道两侧，现在种畜场星火分场（旧名桦树门子）还建有一座既可作警卫室又可住人的几栋砖房，当时叫一红部，在种畜场燎原分场西公路拐弯处有二红部，在种畜场立新分场北1公里处还有三红部。据资料记载和有关人士的回忆，日本人还想在燎原分场正北一个山口处建四红部。可见，日本侵略者在此建"开拓团"目的是非常清楚的。

太平川在延寿北部与宾县、方正交界的崇山峻岭之中，是一个南北走向大川，川内土质肥沃、草原茂盛，山中树木，河里鱼虾，奇禽猛兽，野菜药草，不一而足。勤劳勇敢的劳动人民从清末开荒占草时就在这里生息，旧中国军阀混战，劳动人民流离失所，富有反抗精神的农民造反者也多在这莽莽山野之中占山为王，插旗招兵；"九一八"事变后，义勇军、山林队以此为据点，神出鬼没同伪军周旋；赵尚志创建了哈东游击队也经常休息在林海内，他们常常出山把日伪军打得晕头转向，然后进山如鱼入海洋。

1935年，日本侵略者开始"治安肃政"，烧房并屯。太平川深受其害，整个川内住户被日伪军烧杀抢掠，千百户居民四处逃难，如今延寿镇黑山村的八马架屯就是那时候由太平川逃出的农民盖了8个马架而得名。所以，日本侵略者在太平川建开拓团的目的就是遏制抗日队伍。而他们在开拓团四周山口、道路要塞建立"红部"，就是出于防备抗日军队下山偷袭。大塔"开拓团"始建于1940年5月，投入使用时间是1942年，团长叫梅本国义。大塔"开拓团"名字是因为团民由日本奈良县大塔村迁来而得名，其主要人员是在乡军人和农民，整个"开拓团"为准军事组织，最多时植入团员250人。并配有日本守备队，负责警卫和门岗。他们使用的武器为机枪、步枪、冲锋枪等，士兵配有马匹。团民们的行动为军事化，出工下工，均以汽笛为号。上工闻笛，准时到达指定地点。收工闻笛，团民们不管活干到什么程度，放下就下班。只有守备队不参加劳动，但有军事训练。

大塔"开拓团"除场部外，还在桦树门设有村落，其余各处都由士兵（守备队）把守。整个"开拓团"设有卫生所、浴池、粮库、军火库，并有砖厂一处、学校一处，在校生近百名。大塔"开拓团"建有军垦农场，有水田，稻草均用铁线打捆，集中运走，作为骑兵饲草。另外还有旱田，种植玉米、大豆等。

每当收获季节，他们雇用当地农民做短工。1942年末，太平洋战争爆发，"开拓团"青壮年及在乡军人都上战场，团内家属（主要是妇女、老幼等）都成了劳力，被赶到田里劳动。"八一五"光复，日本宣布无条件投降，大塔"开拓团"乱作一团，死心塌地的军国主义者在"武士道"精神蛊惑下，强令全团男女老少"孝忠天皇"，4个守备队军人给所有人发了迷幻药，然后集中在场部一所大房子，唱着哀歌，在房子四周洒上汽油，然后点燃，两个军人先跳进火海后，封闭门窗。顿时，大火熊熊燃烧，几百条生命被烈焰吞没，余下的两个日本军人开枪自杀，整个"开拓团"无一人幸免。

2.信浓村"开拓团"

1938年3月，日本侵略者在中和镇建立了"信浓村开拓团"本部，并配有日本守备队。这个"开拓团"初建时，所有团民都住在一起，以后"开拓团"雇用了1 000多中国人，在红眼蛤蟆塘的大甸子里修了中和到现在庆阳农场场部的公路，又逐渐在牛尾巴岗建立了1—8号（8个居民点），后来又建了副1号、副3号、副5号等屯落。

这个"开拓团"计划殖入300户，近千口人造"号"，每个"号"住32号户，40多垧地，每户给一匹役马，3户一个组，以组为单位干活。但3年以后，这样的组就解散了，每家都单干，每户种2~3垧地，水、旱地均种，每户每年都按规定交"出荷粮"，只是水稻全部上交。由于单干，每户劳力不足，只好雇用中国人，劳动时间每天长达12个小时，虽然给工钱，但不能像日本人那样吃大米饭。

这些单干户大部是在乡军人，后来允许他们回日本讨女人，因此这个"开拓团"都有家属，有的把男方或女方父母接来。然而，太平洋战争爆发后，男人们都上了战场，只留下了家属。当日本宣布无条件投降时，剩下的老弱病残及幼小儿童被日本人杀死在5号屯。

3.小县乡"开拓团"

1941年，日本侵略者在加信镇河东沿一带建立了"小县乡开拓团"。这个"开拓团"是日本在延寿最大的"开拓团"。在亮珠河东，东到方正宝兴乡的胡家岗，北至李华屯、马架屯、赵炮屯，南到长龙岗，靠河沿的太平山均属于这个"开拓团"所占范围。

小县乡"开拓团"的土地都是征用农民的良田，然后抓中国人即"劳工"，修水壕，开成水田种稻，大米运回日本，稻草充作军马饲草。

加信镇亮珠河两岸，大、小遂河一带土质肥沃，水流灌溉极为方便，加上水质优良，种出的稻谷颗粒饱满，饭香四溢，被日本侵略者视为宝地，生产的稻米专为日本天皇或国宾享用，或向外国馈赠，所以日本侵略者非常重视小县乡"开拓团"和稻田的水利建设。远在"九一八"事变前有一个人叫王子安，在柞木台一带受日本人支持开设"阜丰稻田社"，生产稻米用作日本侵略军的军粮。后来的小县乡"开拓团"以此为基础，发展成南北70余里面积的水田开发区。

第二节　中国共产党领导开创抗日斗争新局面

一、活跃的延方特支

1932年12月9日，伪县长李春魁到任，组建了伪县公署。与此同时，中共珠河中心县委也加强了延寿地方党组织建设。1933年1月，徐明信任延方支部书记，以天台山为中心，发展了两个党小组，领导延寿、方正人民进行抗日斗争。中国共产党延方支部的建立，如一盏明灯照在延寿人民的心头。处在地下的支部成员都有公开身份作掩护，配合中心县委，宣传抗日道理，组织抗日民众同日伪、汉奸斗争，提出"打倒日本帝国主义""减租减息""打倒土豪劣绅"等口号。到1933年10月赵尚志领导的珠河反日游击队正式成立后，延方地区抗日斗争便出现了新的转机。珠河反日游击队在满洲省委、珠河中心县委领导下，越战越强。他们每到一处就和地方党组织一起宣传抗日道理，并根据地方党组织提供的情报，打击汉奸、走狗，制止胡匪绑票，攻打警察局所，缴获武器，以扩大抗日军队的武装力量。

1934年6月，珠河反日游击队改名为东北反日游击队哈东支队。10月，自哈东支队七大队在队长刘海涛率领下到延寿中和镇一带活动开始，日伪军只占据了县城和公路沿线村镇，实际上抗日活动区已和珠河、方正、宾县乃至五常、双城等游击区连成一片，成为哈东根据地不可分割的组成部分。这个时期的党组织主要工作是组织反日会、儿童团、妇女会，收集情报，给部队运送给养，输送兵员及掩护伤病员等。在寿山山里（新开道）、中和镇等地准备筹建地方政权，修建东山里密营、枪械修造所、后方医院等设施。应该说，地方党组织和抗日部队之间配合得相当默契，游击队神出鬼没打击敌人，而敌人却得不到抗日联军行踪，这都是共产党的宣传提高了民众觉悟的结果。

随着抗日军事力量的加强，党的组织力量也在不断壮大。1934年8月，李秋岳同志任延方特支书记，刘士武任组织委员，刘兴亚任宣传委员，这个时期党组织最活跃。李秋岳（1901年—1936年），女，原名金锦珠，化名张一志，朝鲜平安南道人，国际共产主义战士。7岁时，父亲就不幸病故，只留下了寡母弱女，苦度光阴。1919年，她与伴侣杨林，原名金勋，化名毕士悌，参加了朝鲜"三一"起义。因起义失败，杨林被日本侵略者通缉，于1920年来到中国，在云南讲武堂加入中国共产党，进入黄埔军校学习。1924年，李秋岳追随丈夫来到中国。1925年2月，李秋岳参加了广东国民革命军第一次东征，在宣传队工作。后参加了平定滇、桂军杨希闵和刘震寰叛乱的斗争。经过大革命的洗礼，李秋岳已成长为一名坚定的无产阶级战士，同年秋加入中国共产党。1927年李秋岳入黄埔军校武汉分校学习，黄埔军校武汉分校第6期女生队名单上有她的名字。同年蒋介石发动"四一二"反革命政变，屠杀共产党人。党中央为了保护李秋岳和她的丈夫杨林，派他们夫妇去苏联学习。1930年返回中国，到北满地委机关工作。

1931年"九一八"事变后，日本侵略者把战火烧到了中国的东北，李秋岳夫妇被组织派往东满特委工作。他们二人广泛发动延吉等地群众，积极组织农民武装抗日。同年冬，杨林调到满洲省委任省委军委书记，李秋岳在省委妇委工作。1932年，杨林奉调中央苏区任红一方面军补充师师长，而李秋岳则被调至中共珠河中心县委工作。

李秋岳被派到珠河后，把出生不久的儿子委托一个农户照料，她自己则活动在河东、侯林乡、黑龙宫、乌吉密、石头河子及三股流等地。她先后任县委委员、妇女部部长、铁北区委书记等职。在珠河游击区，李秋岳率铁北的群众支援哈东支队。在她的领导组织下，百姓们为支队送子弹、送鞋、送粮、做衣服，组织救护队抢救伤员。在这时，她年幼的孩子因疏于照料不幸夭折了，丈夫又不在身边，劳累和伤悲令她患上了严重的肺病，即便如此，这位坚强的女性仍旧坚持在对敌斗争的前沿。1934年春，当游击区遭到敌人破坏时，李秋岳按珠河中心县委的指示，来到延寿、方正一带开展抗日活动，8月担任中共延方特支书记。她到任后，以从辽宁来寻找亲人的朝鲜妇女的身份，在延寿的寿山腰岭子（今尚义）、新开道一带，走村串户，发动群众，宣传抗日道理，组织抗日武装，成立"反日会"组织，发展党员，积极为部队传递情报，筹措弹药、枪支和给养。

1936年4月，珠河中心县委决定把延方特支书记李秋岳调往通河，由刘士武接替李秋岳的职务。在延寿夹信子欢送她的秘密会议上，大家提出如何把特支为抗日军买的薄皮乌拉转移出去的问题，李秋岳想出了一个令所有人都意想不到的办法。第二天早晨，灰蒙蒙的天空下，夹信子街大门口打着哈欠的日本哨兵和几个东张西望的伪军哨兵懒洋洋地搜查着过往行人。突然，一个披头散发疯疯癫癫的女人抱着一床破棉絮，没命地向城门跑来，后面，一个凶神恶煞般的壮汉挥舞着木棒紧紧追赶着。女人跑到大门口，一把鼻涕一把泪地哀求伪军哨兵："大哥行行好，我男人要打死我。"女人说完，也不等哨兵发话，就一溜烟逃出城门。壮汉紧跟其后，来到城门口，这时几个"看热闹"的紧紧拉住他，七嘴八舌地劝着。不一会儿，又来了一大群人趁着吵吵嚷嚷的时机一窝蜂地跑出城门。这是李秋岳精心设计的出城妙计，前面跑的女人就是足智多谋的李秋岳，后面假扮她男人的是特支宣传委员刘兴亚，看热闹和混出城的众人也是特支工作人员和爱国群众，而混在出城群众中的小炉匠就是接替李秋岳担任延方特支书记的刘士武，为抗日军队购买的薄皮乌拉就这样被大家带出了城。

刘士武，辽宁海城人。"九一八"事变后，他从老家只身来到东北，投入到抗日洪流之中，受到了党的关怀和培养，进步很快。1932年被中共满洲省委根据中央指示派往苏联学习。1934年回国到珠河中心县委工作。8月，延方支部改为中共延方特支，刘士武任特支组织委员。从此，刘士武就活动在延寿县加信镇和中和镇天台山一带。

刘士武，中等身材，脸上有几个浅麻子，所以大家都叫他"刘麻子"。他经常农民打扮，待人亲切和蔼。当地老百姓都知道他是地下党，做抗日工作，又称他为"刘工作"。他经常落脚的地方是加信镇罗岗区（今加信镇新建村）许成富家，公开身份是给地方有钱人家扛活、打零工。他会木匠、铁匠手艺，所以，经常以找活干为名来往于山里山外。其实当地群众都清楚，他是以此为掩护做抗日宣传工作，并为山里抗联运送子弹、枪支等军需物资。人们不但相信他、支持他，还主动向他报告日伪军活动情况。

刘士武同志密切联系群众，善于做群众工作，不少贫苦百姓在他的帮助下觉悟起来，有些为日伪效力的人，经他的教育后弃暗投明，但也有死心塌地当汉奸的。1936年3月，加信全勇男的自卫团团丁孟庆余为日伪军刺探情报（当时抗联三军集中在大小遂河一带），在河东筛子王屯被抗联排长郑文吉抓获，绑在树上，准备处死。刘士武赶到了，对孟庆余进行了爱国抗日教育。孟庆余当时感激涕零，表示一定痛改前非，于是郑文吉把他放了。

1936年4月，春寒料峭，刘士武还和往常一样，亲自为山里抗联同志购买一批薄皮乌拉，准备送往驻地。在加信镇南城门站岗的孟庆余，一眼望见了从城外走来的刘士武，见面时孟庆余还点头示意，让刘士武进城，转身就到警察署告密将刘士武逮捕，关进加信镇警署的狱中。

警察署长齐仲三很重视这个案件，他真不敢相信，在他眼皮底下竟有共产党的书记在做反满抗日工作，便亲自审讯刘士武。在审讯中，刘士武义正词严，并对齐仲三晓以救国大义。齐仲三很受感动，便有意放了刘士武。但是孟庆余这只癞皮狗死死咬住不放，并从刘士武住处搜出了留苏毕业文凭和有关文件。孟庆余以此为据要挟齐仲三说："如果你要放了他，我就向署副（日本人）报告。"齐仲三很为难，对孟庆余说："你是否看错人了，他是土匪吧？"后来齐仲三对孟庆余说："你要当官可以当团副，要钱可以开价。"孟庆余说："我就要他的命。"

刘士武被捕后，延方特支曾和抗联三军策划武装袭击加信镇，营救刘士武同志，但时值春汛，河水暴涨，营救计划未能实现。加信镇群众也念刘士武为人正直，曾由韩七爷、王佑臣、冯仲卿、赵殿武等出具保释，只是孟庆余盯住不放，又有文凭、文件等证据，齐仲三不敢擅自做主，只好将刘士武送往伪延寿县警务科。

刘士武同志被送县里后，日伪机关认为案情重大，不久解往新京（当时的长春市）。6月，受尽折磨的刘士武被新京高等法院判处死刑，送回延寿。在延寿镇北门外英勇就义，时年36岁。刘士武同志在刑场进行了演说，并高呼口号，周围群众深受感动，有的痛哭不已。

刘士武同志是我党在延寿最早的活动者之一，是一位深受劳苦群众热爱的共产主义战士，他为抗日做了大量工作，是在延寿县牺牲的第一位党组织负责人。他密切联系群众，与广大群众同甘共苦的作风，为人正直、和蔼可亲，在艰苦环境里忘我工作的品格，在敌人面前大义凛然、坚贞不屈、视死如归的革命情操，给广大革命群众以莫大的鼓舞，今天仍然是我们学习的榜样。刘士武牺牲后，延方特支再次改组，刘兴亚任特支书记，仍辖方正支部，共有13名党员。1937年2月，经北满临时省委批准，中共延方特支改为中共方正县委员会，刘兴亚任县委书记。经他的不懈努力，建立了会发恒、南天门、得莫利3个党支部和10余个抗日救国会，使方正县东西南北4个区域都有了党的核心，各支部在群众中广泛开展抗日救国宣传教育，在30多个村屯组织建立起反日救国会等群众组织。通过这些组织发动群众，搜集情报，协助抗联作战，支援部队衣物、粮食和弹药。1939年8月，由于叛徒出卖，刘兴亚在延寿县苗家屯被日军逮捕，1946年被害于伪吉林监狱，时年46岁。

二、党领导下的抗日武装斗争

延寿的抗日斗争，早在1932年春就开始了，当时抗日武装主要有红枪会、山林队和义勇军。他们惩奸除霸，打击日本侵略者，曾经兴盛一时，但不久便告失败，其主要原因就是没有共产党的领导。直到1933年10月，在珠河中心县委领导的珠河反日游击队（即后来改编为东北反日游击队哈东支队）、东北人民革命军第三军、东北抗联第三军等不同时期的所属部队来到延寿后，延寿的抗日斗争才取得了阶段性胜利。

从珠河反日游击队一直到抗联第三军，其主要领导人之一就是赵尚志。1925年2月赵尚志考入哈尔滨许公纪念实业学校，在学习期间接受进步思想，结识共产党人，参加反帝爱国斗争，年仅17岁就加入了中国共产党。赵尚志入党后，工作更为积极，他不分昼夜，废寝忘食在哈尔滨各学校进行革命宣传，组织学生参加反帝反封建革命斗争，因此被学校开除。在哈尔滨特委书记吴丽石的支持下，曾入黄埔军校学习。1925年5月蒋介石提出"整理党务案"后，返回东北。

1933年4月赵尚志左眼负伤，伤愈后，满洲省委派他到宾县参加义勇军孙朝阳的队伍，当一名马夫。一次孙朝阳部被围困于宾县东山，处境十分危险，孙朝阳束手无策，赵尚志提议以攻为守，用一部分兵力占据山头，一部分兵力攻打县城，孙朝阳采纳赵尚志的建议，并令赵尚志率队攻城。赵尚志乘虚而入，一举占领宾县县城，迫使敌军撤退，以此解了孙朝阳之围。事后孙朝阳在特务诱骗、唆使、挑拨下，蓄意杀害赵尚志。赵尚志得到反日会员王得山的报告，当即与李启东等7人，携机枪1挺、步枪10

支，弃孙回到了珠河中心县委。

1933年10月10日在珠河三股流召开大会，宣布成立珠河反日游击队。赵尚志带领全队庄严宣誓："我们珠河反日游击队全体战士为收复东北失地，争回祖国自由，哪怕枪林弹雨，万死不辞，哪怕赴汤蹈火，千辛不避，誓为解放三千万同胞，驱逐日寇出东北，为中华民族独立解放而奋战到底。"珠河反日游击队成立后，在三股流、石头河子、板房子等地建立游击根据地，攻打警察局所，清算汉奸，击退日伪军进攻，抗日队伍迅速扩大。

这支抗日队伍在赵尚志率领下，于1934年2月起在铁路北（中东铁路哈尔滨至绥芬河段）、宾县七区和延寿二区分界处宋家店缴获大排队长短枪30余支。同年联合各抗日义勇军围攻延寿二区黑龙宫，采取两路夹击，民团黄英（黄炮）与延寿保安队相继败退。黑龙宫大排队长赵维甲率队向珠河反日游击队投降。

赵尚志在黑龙宫战斗之后，率队在秋皮囤子与延寿县伪警察大队长常万祥所率的骑兵队展开了激烈战斗，结果常万祥败逃大青川。

1934年4月，许亨植率部联合铁路北大小股山林队，一举攻占了延西重镇柳树河子（即兴隆镇），对日伪军震动很大。伪新京日新闻以《匪团占领兴隆镇》为题报道说："据三日当地电话，吉林省延寿县（当时延寿属吉林管辖）兴隆镇三十日（四月），遭到匪贼700多人占领，延寿警务指导官哲力与吉林日军田村中佐联络。救援部队150人赶到后，经过两小时激战，于三日拂晓夺回……"

1934年5月上旬，珠河反日游击队在铁路北袭击北围，缴枪百支，然后占领小街（柳树河子）。此时游击队达130多人。附近各路抗日义勇军与山林队赶来会合。同时，向黑龙宫逃跑的黄英（黄炮）惧怕游击队的威力，前来合作抗日。

（一）哈东游击队

1934年6月28日，中共满洲省委巡视员张寿篯（李兆麟）、共青团省委特派员晓梦（韩光），召开珠河党、团县委扩大会议，决定成立"东北抗日游击队哈东支队"。29日，东北抗日游击队哈东支队（简称哈东支队）正式成立，赵尚志任支队司令。

哈东支队成立后，当时该队副官关化新奉赵尚志命令，率队到延寿中和镇东大山里取地下党购买的军用物资，在半截街山头与日伪军给养车相遇，激战后击毙两名日伪军，夺得一些武器与物资。1934年10月，哈东支队经过整编后，赵尚志率领第七、第十一大队奔赴延寿、方正一带开辟新的游击区。途中，在延寿大青川将日本稻田公司供日军食用的2 000石稻子焚毁。敌军闻讯赶来时，游击队已过了孙菜营，后又缴了延寿四区公所警察的枪械，到延方边界开辟游击队新区，从此七大队大队长刘海涛率部在此活动。

1934年11月25日，赵尚志率支队200多人，向延寿、方正返回铁路南游击区时，途中夜宿排鬼山肖田地，与日军望月部队200多人和伪军邓云章团300多人相遇，展开了一场激烈的遭遇战。我军在赵尚志的指挥下，沉着应战，一连打退了敌人的几次冲锋。敌人见硬攻不行，便依仗其人多，改包围阵势。在远距离的交锋中，赵尚志左眼受伤，但仍坚持指挥部队作战。日落之后，敌人的包围圈逐渐缩小，情况危急。赵尚志指挥若定，在暮色苍茫之中，采取巧妙战术。刘海涛率队奋力突围，冲破日伪军衔接部的薄弱地段，安全突围转移到铁路南根据地。这次战斗历经8小时，日伪军死伤110多人，白俄警察伤亡20多人，我军仅伤亡3人。日军司令望月对我军英勇善战，甚为震惊，看到我军转败为胜，突围转移，训练有素，秩序井然，感到非常惊奇，认为"必有名人指挥"。

这次战斗后，敌人调来大队进行大"讨伐"，企图与哈东支队主力决战。但我军化整为零，与敌巧妙周旋，敌人一再扑空，损兵折将，只好暂时结束所谓的"冬季大讨伐"。

1935年1月9日，哈东支队司令赵尚志在延寿宋家店召开抗日义勇军伯学、五省、占北山等队的头目及民众军谢文东等20余名首领会议，商讨了联合打击日伪军等事宜。

1935年3月，延方特支书记李秋岳在寿山一带为抗日筹集物资时被人告密，日本指导官哲力率骑兵前去袭击。在腰岭子与哈东支队七大队刘海涛部相遇。双方激战后，日军被击退，中共延方特支书记李秋岳得以脱险。

（二）东北人民革命军第三军

1935年1月28日，在纪念上海抗战三周年的日子里，根据满洲省委的指示，以哈东支队为基础，吸收根据地青年义勇军的骨干，在珠河县铁路南半截街成立了东北人民革命军第三军。赵尚志任军长，冯仲云任政治部主任。军以下先成立第一师，赵尚志兼师长，第一师分编为三个团。第一团团长刘海涛，张寿篯为政治部主任。

三军成立后不久，敌人又开始了"春季讨伐"。赵尚志把第三军各团部署在游击区各地，用灵活机动的战术，互相配合，消灭入侵之敌。同时，他率领司令部直属的少年连跳出敌人"讨伐圈子"，声东击西打击敌人。他突然进军五常，攻占方成岗和小山子，摧毁数处大排队，然后又挥师北上宾县，3小时内连续收缴了三道街、包家岗、四道河子等3处大排队的武装，共得枪100多支。在四道河子，他利用敌"讨伐"队到处乱窜，缺乏相互联系的特点，把游击队化装成伪军"讨伐队"，大摇大摆地进入敌人据点四道河子，派传令兵通知大排队头目说："国军'讨伐队'与赵尚志作战失利，正在向林子里撤退，快出来迎接。"

大排队的头目包队长以为是"国军"来了，率大队到场院列队迎接。赵尚志率队来到场院给大排队训话，他声色俱厉地说："赵尚志已经打到村里来了，你们在干什么？都是混蛋！"遂下令缴了四道河子大排队的枪。之后马不停蹄横扫延寿，又缴了花碰子大排队武装，火烧乌拉草沟、姜家崴子伪警察所，再渡蚂蜒河，到敌人统治势力较强的马鞍山、金坑山一带。延寿日伪统治者大为震惊。

1935年3月25日，第三军在老黑顶子召开抗日义勇军会议，到会头领40余名。经协商分别成立了延方、铁路北、铁路南3个联合军指挥部，决定由各个抗日部队分区保护抗日游击区。这样就把所有抗日义勇军联合到人民革命军第三军的周围，调动了各方抗日力量，共同与日伪军作战。哈东各县抗日游击队再度活跃，严重威胁了日伪反动统治者。3月下旬，日伪当局又组织了一批兵力进行"春季大讨伐"。"讨伐"的重点是专门围攻第三军主力部队和三军司令部。由于敌人在中东铁路南、北和宾县、珠河、延寿加紧进攻，第三军司令部决定，部队有计划地分开作战。第二团置于铁路北，第三团仍留在铁路南。三军司令部率一团、民众军、自卫军支队等去延寿、方正，在蚂蜒河东金坑山一带冲破了伪军邓云章和警察大队900余人的围攻，歼敌40多人，迅速摆脱敌军，向苇沙河运动。摆脱敌人后，部队进行了休整。敌人因不知我军去向，无可奈何开始撤退。敌人所谓的"春季讨伐"只好就此罢休。

1935年4月23日，第三军司令部和一团返回方正、延寿，在中和镇北部会合了"明山队"和"救世军"王荫武部队，决定联合进攻方正大罗勒密。此地系依兰、勃利抗日游击区和延寿、方正、珠河、五常、宾县各县抗日游击区的连接点，战略地位十分重要。当天开始运动奔袭，途中民众亦来参加。进攻大罗勒密战斗在赵尚志的指挥下，经各部奋力协同作战，联合军一举攻下大罗勒密镇。进攻部队缴获了敌木业组合的许多马匹和棉布等物资，天亮后第三军司令部与第一团返回延寿，乘胜又同延寿县的伪军打了几仗，均获全胜。这次军事行动显示中国共产党领导下的军队有顽强必胜的信心和能力，同时又给予延方游击区内的日伪以沉重的打击。

1935年5月下旬，日伪军又发动了"夏季讨伐"。第三军司令部根据省委和珠河中心县委《红五月工作提纲》，决定率一团与谢文东、李华堂部东征牡丹江流域，扩大抗日游击区。东征途中，攻克小罗勒密、半截街、新开道、老五团局所。5月23日又攻占苇河楼山镇，焚烧其防所，烧毁森林小火车一列，然后翻越老爷岭，到达三道河子的满天星。这次东征粉碎了日伪军精心设计的"夏季讨伐"，破坏了敌人设在牡丹江沿岸的木业组合，扩大了游击区，壮大了抗日武装力量，鼓舞了当地群众的抗日情绪。

第三军的连续胜利，使日本侵略者看到了抗日军民的血肉联系，所以他们对根据地实行了更加残酷的"围剿"行动。首先，敌人乘第三军司令部和第一团进攻牡丹江下游之机，有计划地在珠河游击区周围建立起"集团部落"，割断第三军与群众的联系，蚕食第三军活动区。当第三军司令部与一团决定返回珠河、延寿、五常、宾县游击区时，日军又调集重兵开展大规模进攻。伪滨江省在帽儿山设立了宾县、五常、双城、阿城、珠河、延寿办事处，统一调动和指挥6县所属日伪军的兵力。从7月20日起，先后对中东铁路南北抗日游击区实行"大规模讨伐"。敌人这次军事讨伐行动持续时间比以往长二至三倍，以大批日军为主全面包围抗日游击区，并在区内建立抗日军防所，相互呼应，连成包围线，搜索、追击、堵截抗日部队，企图将抗日武装一网打尽。同时，疯狂地推行灭绝人性的"三光政策"。焚毁近山内外的民房，强迫归屯并户，企图毁灭游击区。敌人叫嚷要"毁灭赵尚志的根据地"，强迫群众不许在抗日游击区居住。敌人铁蹄所到之处，一片烟云火海。铁路南游击区，除离铁路线内10余里的地方未被焚烧外，几乎三分之二地区已成一片焦土。"路北大青川、老黑顶子、对面山、马才沟、秋皮囤等地也先后被烧毁，沿山一带几乎没有了人家，成了一片废墟。"1935年9月至1936年7月，沿山一带民房共4 500多所被延寿警备队、日军守备队和邓云章团、中和镇保卫团烧毁，东北人民革命军第三军的活动陷入了困难的境地。但中共珠河中心县委、延方特支等党的组织，仍然坚持活动在广大人民中间，搜集情报，支援抗日队伍，宣传抗日道理，使广大人民群众配合赵尚志领导的东北人民革命军第三军，在极其艰苦的条件下，坚持斗争在敌人讨伐的缝隙中。赵尚志率司令部、保安连、少年连在延寿的马鞍山、半截街、中和镇、新开道、关门嘴子、黄木营子等地巧妙与敌人周旋，打击日伪"讨伐"部队。第三军在延方特支领导的反日会、妇女会、模范队等群众组织帮助和支持下，瞅准机会，抓住战机狠狠地打击敌人的有生力量。

　　1935年10月，刘海涛率第一团，在延寿中和镇附近和关门嘴子给伪军马团痛击，又与赶来增援的延寿日伪警察大队大排队150余人发生激战，结果敌人死伤10余名，大排队长李清毙命。日军曹高木身负重伤，回城即死。第一团乘胜追击，敌人以马拖尸，狼狈逃窜。第三军声威远震。1935年日伪军的大"讨伐"中，抗日根据地和游击区遭到很大破坏，但由于第三军司令部认真执行了党的正确军事路线，即：开展由老游击区内线作战的同时，又积极主动开展新区的外线作战。赵尚志巧妙地率领三军主力向北发展，开辟新区，广泛收编义勇军，突破了敌人的大"讨伐"，使抗日游击区向下江发展，部队又增添了新的战斗力。

（三）东北抗联第三军

1936年8月，东北人民革命第三军改编为东北抗日联军第三军，仍由赵尚志任军长。当时，东北的抗日斗争已进入极其艰难时期，第三军在前进的道路上，遇到了极为复杂的新情况。一是由于党中央随中央红军长征，自1935年后，满洲省委与党中央失去了联系；二是日本侵略者总结了过去"讨伐"失败的教训，提出了所谓"治标、治本相结合"的策略，强迫推进"集团部落"政策。在根据地大肆屠杀，妄图割断抗联与群众的联系。赵尚志经过深思熟虑，提议召开了珠河、汤原中心县委和第三、六军党委联席会议（简称珠汤联席会议）。会议总结了经验教训，成立了北满临时省委，赵尚志当选为主席，冯仲云为书记。

为了粉碎敌人把抗联第三、六军聚歼在汤原根据地的阴谋。北满临时省委决定，赵尚志指挥第三军在跳出敌人包围圈后，以主力部队向西北进行远征，开辟小兴安岭和黑嫩平原的新游击区，其他部队四处出击，掩护主力部队行动。

在延寿县的主力部队撤走了，留守部队仍坚持与敌人战斗。他们时而化整为零，深入到群众中，宣传抗日道理，组织群众，时而抓住有力战机打击敌人。1936年8月以后，抗联三军一师在师长常有均、政治部主任许亨植率领下活动在延寿、方正一带。1937年，第三军三师政治部主任周伯学率领100多人的抗日队伍，在四区新甲（今太安乡关门山水库）一带进行宣传抗日活动，号召人民同日本侵略者进行斗争，并动员一些青年参加抗日军队。1938年3月第三军缩编4个师，二师活动于延寿、珠河一带，继续与日伪军进行斗争。1938年4月，第五军二师师长陶净非率领二师两次在延寿大荒沟与日伪军激战，打死打伤日伪军30余人。1938年7月，抗联第三军三师留守某部队政治部主任周伯学率领战士300余人，袭击并烧毁了太安警备营，缴获了粮食、枪支、弹药等战利品。1939年9月，抗联第三军某部在兴隆镇、黑龙宫、加信、宝兴、中和一带频频打击日伪军。珠河附近长寿（当时归延寿管辖），抗联部队曾一度攻下兴隆镇，并在一些村屯发展了抗日救国会等抗日组织。

赵尚志率领的西征部队从松花江下游到黑龙江岸，纵横数千里，在半年多的时间里，身经战役百余次，攻克20多个城镇，击毙敌800余人，俘敌300人，缴获大量武器装备，打乱了敌人的部署，迫使敌人抽调重兵去滨北铁路线和黑龙江沿岸，从而保住了汤原根据地。

三、军民紧密配合取得辉煌战果

从"九一八"事变到三军主力奔赴下江平原，延寿县一直是哈东抗日根据地重要组成部分。除三军主要领导赵尚志、冯仲云、李兆麟及韩光等同志曾出生入死地在延寿大地上率领抗日将士打击日本侵略者外，还有赵一曼、李秋岳、刘海涛、关化新、常有均、许亨植、马宏力等人都在这里同日伪军拼杀过，不少人牺牲在这块土地上，有的甚至连姓名都没有留下。特别是共产党员，他们冲锋在前，牺牲在前，他们的精神永垂青史。

在回顾这段历史，我们不能忘记那些接受了党的教育、提高了阶级觉悟、舍生忘死为抗联工作的人民群众。如中和镇的王怀（新中国成立后故去），在抗日战争中是抗联的"活地图"，他为抗联当过多年的向导；梁慧发（人称梁把头）亲自为抗联在金高丽沟里修建抗联密营；汤凤父子在加信镇李麻船口以摆渡为名，实为抗联交通员，后被害于大河岸边；辛允庭，曾任二师作战副官，在中和镇病故；万魁五，又名万凤山，第三军少年连连长，1935年因病离队休养，1984年在延寿病故。

张佩珊，原名李英根，朝鲜族，出生于朝鲜。七八岁时随父迁往延寿县玉河乡（今玉河镇）永胜（朝鲜族）屯。她受其叔父李寅健和金志刚（即崔庸健，后为朝鲜民主主义人民共和国党和政府领导人之一）的影响，于"九一八"事变后参加革命，经金策介绍加入中国共产党。先后在汤原、鹤岗一带组织妇女会，开展抗日斗争。1936年9月调入中共北满临时省委机关秘书处做文书工作。经冯仲云介绍与张兰生（包巨魁）结婚。1937年8月，张佩珊怀孕了，频繁的斗争已使她无法适应。组织上把她调到被服厂工作。任六军被服厂厂长、党支部书记。不久她生了个女孩，因为战斗环境极其艰苦，孩子只好送给一个农民抚养。1940年9月，张佩珊又生下一个男孩，没想到就在两个月前，孩子的父亲，当时任抗联第三军政治部主任、北满省委常委的张兰生在黑龙江省德都县朝阳山突围战斗中牺牲了。这一年冬天特别冷，北风呼号，大雪铺天盖地，整天不见太阳，被服厂的男同志与没有小孩的妇女下山去背粮，厂里张佩珊等几名带小孩的女同志留守。放哨的战士突然发现了敌人，马上通知了厂里的同志，张佩珊立刻组织同志们转移。但带孩子的女同志难以走远，加上在风雪中迷了路，第二天午后张佩珊等几名带孩子的母亲及怀孕的同志全部被俘。

张佩珊等同志被俘后，日本侵略者把她们交给伪三江省（解放后改为合江省）宪兵司令部，辗转到绥化、铁力、佳木斯等地关押，受尽了折磨。不管敌人怎样审讯，张佩珊就是一句话："我是一个有孩子的妇女，我只管做衣服，其他的什么也不知道。"她始终没有泄露组织机密。她视儿子如生命，她深深地知道这是革命者的后代，豁出命也要把他抚养成人。所以她下定决心，关于她和儿子的身世决不能让敌人知道。她还和战友们串联好，不管敌人如何审讯，甚至施酷刑，大家都挺住，决不能向敌人讲实话。她在佳木斯监狱，看押她的宪兵队里有一个朝鲜族人李某，张佩珊看她还有点民族心，于是想做一下她的思想工作。这时，正好有一个怀孕妇女生了小孩，难友们求她想办法买应急用品。李某和佳木斯协和会共同出面，由协和会把几个带孩子的妇女放出监狱外看管，条件是保释她们的协和会人员中是一个人的，谁就得嫁他为妻。而对张佩珊的保释条件，则要把孩子送到牡丹江一个开烧锅的人家后，才允许她嫁人。要送走儿子，这对张佩珊来说，等于要其性命，她断然拒绝，结果双方僵持起来。这时也巧，张佩珊得了伤寒病，怕传染他人，敌方把她们母子赶出了监狱。在佳木斯监狱附近，有一个朝鲜族人经营的南山旅社，老板在大门口发现了昏死的张佩珊和已经哭不出声音的孩子。这个好心的老板收留了她们母子，并给她们治病，死神终于让步了。为了感谢这位朝鲜族同胞，张佩珊病好后就在这家旅社住了下来，给旅客做饭，既帮忙也维系母子二人的生活。不久这个朝鲜族老板得知张佩珊原来是延寿县李文刚的女儿，便给延寿县李家通报信息，张佩珊的母亲得知女儿情况后，花钱疏通了佳木斯宪兵队，把被俘监押5年的母子二人接回延寿县玉河乡。此后张佩珊受到族人的严格看管，同外部的联系统统隔断。新中国成立后，她千方百计同党组织联系，找到当年共同战斗过的同志。终于在1951年收到了曾经和张兰生一起工作过、曾任北满省委书记，时任水利、电力部副部长冯仲云的来信。冯仲云在信中证实："1937年李英根在北满秘书处工作，是北满临时省委书记张兰生的妻子。1940年冬她被俘，并有一遗腹子……其子给予抚养。"20世纪60年代初，朝鲜民主主义人民共和国领导人崔庸健，到中国进行国事访问期间，通过驻华大使馆黑龙江省有关部门协助寻找一个叫张佩珊的朝鲜族女同志，并特别交代，"哪怕只是在火车上见上一面也好"，但由于条件所限，没有找到。张佩珊于1976年5月2日，在延寿县玉河乡（今玉河镇）永胜屯病逝。

张兰生，原名包巨魁，满族，黑龙江省呼兰县人，1932年加入中国共产党。先后担任中共珠河中心县委宣传部长和县委书记，中共北满临时省委常委、宣传部长、省委书记。东北抗日联军第三军政治部主任。1940年7月，在黑龙江省德都县五大连池北朝阳山一带联系讷河地方党组织，指导龙北地区党的工作时，不幸被日伪军包围，在突围中壮烈牺牲。张兰生在坚持东北抗日游击战争、发展抗日武装力量、发展中共北满党组织和东北抗日联军的建设等工作中，做出了重大贡献。

1919年，张兰生以优异的成绩考入呼兰模范小学读书。1925年五卅运动爆发，反帝爱国运动的浪潮迅速波及了这个边陲小城。张兰生与同学们发起成立了"呼兰县学生联合会"，组织全县学生开展声援上海工人、学生的活动。他们走上街头，游行示威，散发传单，宣传演讲。1925年秋，张兰生考入呼兰第一中学，1928年中学毕业后考入哈尔滨电业局电车厂，先后当"车长"（售票员）、司机。当时电车厂有300余名工人。他们不仅毫无政治权利，而且饱受着各种剥削，经常遭受车监侮辱人格的抄身搜查以及警察、官吏的凌辱、殴打。对此，张兰生十分愤恨。他组织工人进行反抗，加入秘密工会，开始从事革命活动。

1932年2月5日，日寇占领哈尔滨。不堪忍受日伪统治者奴役的电车工人采取各种方式进行反抗斗争。3月1日，傀儡政权伪满洲国成立，日伪统治者组织"建国"提灯晚会。张兰生等工人夹在游行人群中，进行反日宣传。他们撕毁敌人张贴的宣传画，往标语上涂洒墨水，烧毁了搭在哈尔滨霁虹桥上的彩楼。张兰生还积极参加电车厂工人的罢工，并且常常以怠工、少收或不收票的方式进行斗争。

为进一步加强对电车工人斗争的领导，中共满洲省委和哈尔滨市委派党团组织及工会领导人到电车工人中开展革命活动。满洲总工会负责人老曹和冯仲云、赵一曼等经常到电车工人中开展活动。他们重点培养张兰生、王知一等工人活动的积极分子，向他们宣传革命道理，启发他们的阶级觉悟。同年，哈尔滨电业局党支部秘密成立，张兰生首批加入中国共产党，并当选为支部委员。他积极组织党团员、工会会员开展抗日救国运动，帮助抗日队伍解决经济上的困难。

1933年4月2日，哈尔滨电车厂3线2号电车车长、共青团员张鸿渔因向身着便衣乘车的伪宪兵王永昌收车票，遭到毒打。中共满洲省委决定以此为契机，发动工人罢工。当晚，在电业局党支部负责人张兰生等领导下，召开党团员、工会会员、积极分子参加的百余人大会。与会人员群情激愤，当即宣布罢工。张兰生负责宣传工作，他组织党团员、积极分子，连夜画漫画、写标语、刻印《告哈尔滨市民书》等宣传品，并将其贴在街道、火车站等主要路口及电车厂、电车沿线，向全市人民揭露了日伪军警殴打工人的罪行。3日，罢工委员会向电业局提出5项要求，坚决表示"不答应条件，不复工！"顿时，全市电车停驶，交通瘫痪。经过斗争，工人的要求基本达到，罢工斗争获得胜利。

1934年2月，哈尔滨电业局党支部遭到破坏。张兰生受中共哈尔滨市委的派遣，赴珠河抗日游击根据地工作，从此，他东征西战，与家人失去了联系。1935年2月，张兰生任中共珠河中心县委书记。他首先加强了党组织领导班子的建设，组成了有冯仲云、赵一曼等9人的中心县委常委会，为领导哈东地区抗日游击战争提供了坚实的组织基础。哈东地区抗日游击战争蓬勃发展，形成了以珠河为中心，包括宾县、延寿、方正、双城、阿城、苇河等县部分地方的哈东铁路南、铁路北区委的基础上，新成立了中共双东区委、苇河区委、亚布力区委、延方区委，有基层支部60余个，党员达300余人。在此基础上，根据中共满洲省委的指示，张兰生领导珠河中心县委开始着手根据地的政权建设。5月中旬，珠河中心县委召开根据地30余个群众组织代表会议，成立了珠河人民政府筹备会和哈东人民代表筹备会办事处。1935年9月10日，珠河中心县委、县农民委员会总会、县反日联合总会在珠河半截街召开群众大会，成立了珠河县人民政府，使哈东根据地的建设更加完备。同时，张兰生还主持召开了珠河中心县委执委会议，针对1935年夏季由于敌人加强"讨伐"珠河游击根据地，使根据地遭受严重破坏的情况，确定珠河县党的中心任务。会议决定东北人民革命军第三军主力向松花江下游的汤原、依兰、勃利等地转移，以开辟游击新区；张兰生率珠河党团中心县委人员，继续在老游击区领导军民坚持根据地的斗争。

1936年，珠河抗日游击根据地遭到敌人蚕食破坏。张兰生等人在十分艰苦的条件下，领导军民为恢复老根据地进行着顽强的斗争。他们为躲避敌人的搜索，不断转移，风餐露宿在深山密林中或住在"大屯"里，战胜了饥饿、寒冷、疾病和敌人的"讨伐"、袭击等种种困难，先后在蜜蜂、三股流、红石砬子、十三堡等地活动，并在群众和抗日武装的支持下，在大泥河南（五常、双城一带）开辟了拥有2 000户居民的新游击区，还成立了青年反日大同盟、抗日救国会等秘密组织。同年夏天，哈东地区形势更加恶化。此时，中心县委接到了赵尚志从下江的来信，提议召开会议。张兰生和县委开会研究决定，珠河党团中心县委人员先后分3批向松花江下游一带转移。8月，珠河中心县委全部撤出了珠河抗日游击根据地。

1936年9月，张兰生和冯仲云等珠河中心县委领导人分途抵达汤原，与抗联第三军主力会合。9月18日，张兰生作为中共珠河中心县委书记，出席了在汤原汤旺河沟里（现伊春市西林区18

公里汤梨川）召开的中共珠河中心县委、汤原中心县委及抗联第三、六军党委联席会议（简称珠汤联席会议），并在会上作了《延（寿）方（正）工作现状与珠河反日区的退却斗争》的报告。会上，成立了中共北满临时省委，赵尚志为临时省委执委会主席，冯仲云为临时省委书记，张兰生当选为省委常委兼宣传部长。

1937年6月28日，中共北满临时省委在小兴安岭密林深处的汤旺河边召开执委扩大会议。张兰生和省临委执委会主席赵尚志、临时省委书记冯仲云等11人出席了会议。会上，根据当时形势的变化，讨论了抗联的军事行动计划，改组了省委。认为张兰生"执行决议，工作立场稳固、认真实际，对组织诚恳坦白、坚决，忠实于党，工作积极"，选举他为中共北满临时省委书记。

全国抗日战争爆发后，北满临时省委迅速掀起下江地区新的抗日斗争高潮。1937年8月20—24日，由张兰生主持中共北满临时省委召开了军政联席会议，决定在"九一八"国耻日组织下江群众举行反满抗日大暴动。依兰、桦川、富锦、汤原各县纷纷作出响应，举行游行示威，散发传单，高呼口号。愤怒的群众割断电线，推倒电杆，拆毁铁路，炸毁桥梁和公路，掀起了下江地区抗日斗争的新高潮。

由于频繁、残酷的游击战争，抗联部队伤亡很大，干部人数减少，衣、食、枪支、弹药等奇缺。更令张兰生焦虑的是，东北党组织与党中央失掉了联系。1937年11月26日，张兰生以中共北满临时省委名义致信中共中央："目前紧急的战斗任务，使得我们不得不要求国际和中央直接领导和帮助。"可是没有得到回音。这时，原抗联第六军第一师代师长陈绍宾从苏联回国，带来苏联远东边防军负责人邀请北满抗联主要负责人赴苏商讨重大问题的信息。这对于困境中的东北抗联和张兰生等来说，无疑是个喜讯。中共北满临时省委对此非常重视。张兰生当即在依兰杨家沟召开了有赵尚志、张寿篯、冯仲云、魏长魁参加,戴鸿宾、蔡近葵、陈绍宾列席的临时会议。会议决定派中共北满临时省委执委会主席、东北抗联第三军军长赵尚志为代表前去苏联。想不到,赵尚志等到苏联后,苏方矢口否认带信邀请一事,不但不予以接待,反而将赵尚志等关押起来,长达一年半之久。请求苏联帮助的努力失败了。

1938年,东北抗日游击战争进入更加艰苦时期。同年5月和6月,张兰生在铁力和通河连续主持召开中共北满临时省委第七、第八次常委会。会议经过研究决定,除留守部队在原地坚持游击斗争外,为跳出敌人包围圈,北满抗联第三、六、九、十一军的主力部队向敌人统治薄弱的小兴安岭西麓黑嫩平原地区转移,开辟新的游击区。这就是中共北满临时省委领导的北满抗日联军西征。

1938年6月,北满抗联各路远征军共800余人从不同地点相继踏上了艰苦的征程。当时,由于敌人对下江地区军事、政治、经济的全面"讨伐"和封锁,致使汤原、通河一带的后方给养十分困难。情况正如张兰生所说:"饥饿已经成为我们经常的事件,三天两头挨饿。""草根树叶都成为我们的食粮,打猎、捉鱼都成为我们解决供给的重要方式。"敌人对张兰生、冯仲云等抗联领导人痛恨至极,千方百计进行搜捕。一次,敌人在汤原"讨伐"后,半夜时分从监狱里提出被俘的抗联六军被服厂政治部主任和女战士夏志清审问,并让她们从"讨伐"军带回的人头中辨认是否有张兰生、冯仲云。为转移搜索目标,保护自己的同志,女战士将计就计,随意挑了两颗人头。敌人便把这两颗人头作为张兰生、冯仲云的首级挂到县城的牌楼上,宣扬他们"讨伐"的战绩,以恐吓民众。

　　在中共北满临时省委的领导下，抗联西征部队历尽千辛万苦，克服饥饿、严寒、疾病等重重困难，冲破敌人的围追堵截，终于到达绥棱、海伦地区，胜利完成了这次艰苦的西征，粉碎了敌人妄图将抗联"聚而歼之"在下江地区的阴谋计划，开辟了黑嫩平原游击新区。

　　1939年1月28日，张兰生主持召开了中共北满临时省委第九次常委会。会议总结了1938年以来党的工作，分析了北满抗日游击战争的形势，总结了北满抗联部队受挫的主观原因，提出了在新形势下党的任务和北满游击运动的行动方针。

　　4月12日，张兰生在通河主持召开了北满临时省委第二次执委会。会上，将中共北满临时省委改为中共北满省委，金策当选为省委书记，张兰生当选为省委委员兼任抗联第三军政治部主任。会后，张兰生与三军军长许亨植于6月29日召开三军军政干部会议，贯彻省委执委会议精神，总结三军党政工作，整顿党的组织，加强了党在军队中的领导地位。此后，张兰生率领第三军一师、二师在海伦、绥棱、庆城（庆安）、肇东、肇源、肇州、依兰、通河、汤原一带与日伪军展开游击战，开展地方群众工作。11月7日，张兰生给徐泽民（抗联第十二支队队长）发出关于正确对待和做好山林队、红枪会、伪满军警工作及组织群众等问题的一封4 000余字的指示信。信中指出，在日本帝国主义进攻面前，山林队、红枪会、伪满军警枪口是对外的，是能够成为我们的同路者和友军的。我们是统一战线的主张者和支持者，要加强党的政策的宣传教育，耐心地帮助他们，主动地联系他们，做他们亲近的战友。

　　张兰生十分重视对收编的抗日队伍的思想教育工作。他在给三军补充师师长李发等人的信中，谆谆嘱咐他们，必须加强教育工作，改掉恶习。信中说："人民反对乱抢乱夺。""只有严格的军纪，良好的风尚，爱护民利。才能得到民众的拥护，这个队伍才有发展前途。"这期间，张兰生还针对日伪加紧对抗联及党组织派遣特务、奸细，企图进行分化、瓦解等反动措施，领导三军一师开展了反投降、反奸细的斗争，处决了叛变作敌人奸细的任永富，粉碎了敌人利用特务瓦解我军的阴谋，在危急关头，挽救了三军一师，教育了广大官兵。事后，张兰生、周庶泛写出《关于清理队内奸细情况》的报告和《反奸细斗争》的文章，总结了这次反奸细斗争的经验教训。

1940年6月，张兰生受北满省委的委派，赴讷（河）嫩（江）地区，与东北抗联第三路军总指挥张寿篯研究开展此地区的群众工作问题，主办设在这里的北满省委军政干部训练班。张兰生亲自给学员们讲授了毛泽东的《论持久战》中关于游击战的战略战术、中国抗战前途等重大问题。

7月上旬，抗联三支队攻打了德都朝阳山北、嫩江县科洛村公所，引起敌人的注意。战斗中缴获了一部油印机和一批纸张。支队考虑军政干部训练班急需这些物品，决定由参加训练班学习的三支队政委赵敬夫和几名战士携带，送交总指挥部。赵敬夫他们从科洛村出发，沿着崎岖的山路，秘密行进。7月19日，他们的行踪被驻在讷河县的伪警察大队长、土匪出身的董连科发现。他带领150余名军警，分两路向朝阳山总指挥部和附近的军政干部训练班扑来。张兰生等听到敌人的马蹄声，知道敌人摸进山来。为了保卫总指挥部和首长，张兰生、赵敬夫指挥干部训练班30多名学员迅速撤向坐落在森林茂密的朝阳山中的总指挥部。他们刚到这里，敌人便从东、西、北三面包围了总指挥部，顿时，枪炮齐响。张兰生冒着枪林弹雨，拼命往山上冲。赵敬夫带两名机枪手，掩护总指挥张寿篯冲出包围。赵敬夫再次返回山上，准备接应张兰生等人。当张兰生、赵敬夫等人正要顺沟向东撤退时，敌人已攻到山顶，西面的敌骑兵也迂回到南面，以机枪、钢炮和掷弹筒向沟塘猛烈射击。密集的火力封锁了张兰生、赵敬夫等人后撤的通路。他们奋力抵抗，张兰生不幸中弹，壮烈牺牲，时年31岁。实现了他生前向党发出的："我的头颅，我的热血，是献给民族革命，是献给党的事业"的誓言。

（一）中和乡马鹿沟战斗

1935年6月，随着抗联部队一天天扩大，枪支十分缺少。在中和乡马鹿沟驻扎伪自卫团20来人，里面有10余支连珠枪。抗联第三军第一团团长刘海涛率30余人，从石头河子出发，决定去缴马鹿沟伪自卫团的枪。

石头河子距马鹿沟六七里地。刘海涛率队顺着山坡，穿过树趟子，来到离马鹿沟将近一里地的地方，前面有一条壕沟，沟的北沿是一片大麦地，麦地的两头架有铁丝网，铁丝网里面有一座炮楼。为了不使敌人发现，刘团长命令班长孙占山等三人顺壕沟往西穿过麦地直奔炮楼，孙占山按照刘团长的命令，顺着壕沟往西前进。当前进到麦地里时，炮楼内的敌人发现了他们，立即开枪射击。他们冒着枪弹，分三路向铁丝网靠近。当他们离铁丝网不到十米远时，炮楼内敌人的枪就失去了作用，他们很快就靠近了铁丝网，将铁丝剪断后，三人分三面爬到炮楼下，向里面大声喊话："快把枪递出来，要不，我们就扔手榴弹了。"其实，哪有手榴弹。敌人还不往外交枪，这时，孙占山就将枪伸进炮楼的枪眼里放了一枪，只听里面叫："别打了，缴枪，缴枪。"接着从炮楼的枪眼往外扔出两支枪，并从里面举着双手走出两个人。三人押着两个俘虏往敌人营房走去，谁知营房里十余名敌人跑个精光，只听见后面山坡一阵枪响。孙占山等三人随后奔向山坡，敌人已经逃走了，扔下了6支步枪。整场战斗只打了一枪，摧毁了敌人一个据点，缴获了8支大步枪。

（二）东山里大石砬子战斗

1935年2月，抗联第三军一团团长刘海涛，带领陈有才等50多名战士，从滨州的田家油坊回延寿县东山里的密营。

当他们走到延寿东大砬子时，发现东北军邓云章团的骑兵80余人追击他们。刘海涛团长一边指挥部队抢地势，一边带领几个战士准备阻击敌人。由于邓云章骑兵来势凶猛，人数又多，加上整天又下着大雪，刘海涛部队仅有3匹马，道路全被雪封住了，上山抢地势是很困难的。陈有才和刘团长在一起阻击着敌人，敌人的一阵排子枪，逼近了他们，如果他们再不后撤，就有被包围的危险，刘团长决定后撤。谁知他骑的马已被这阵枪惊"毛"了，陈有才随即跑来牵住刘团长的马，叫他先撤。这时，敌人的4匹马已到了眼前，陈有才顺着山坡滚下去，爬起来后又拐过一个山嘴向山上跑，回头一看，有两个敌人骑兵在后面追他。这时雪下得更大了，敌人向他射击，他一个劲儿地往上爬，在半山腰，发现一个锅底坑，他立即蹲在坑里，端起枪击毙了一个敌人。另一个想往回跑，刚勒转马头，他打出了第二发子弹，没击中。这时，他跳出坑向前追击，这个家伙吓得从马上滚了下来。陈有才跑上去下了这家伙的枪，又退回来摘下先死的那个人的枪，往山上爬去。这时，刘海涛带领部队占领了最高的地势，敌人觉得力不能及，就自动撤走了。刘海涛的队伍毫无损失，顺利地回到了延寿东山里密营。

（三）桶子沟大捷

1903年，冯国霖出生在河北省遵化县。因母亲早逝父亲闯关东一去无回，他便只身一人徒步来到吉林省农安县舅舅家落脚谋生。1920年，生活所迫他弃农从军，因刺伤日本警察而入狱。在吉林伪第二监狱冯国霖认识了赵尚志，并加入中国共产党。出狱后，在赵尚志的指示下参与组织了"蛟河暴动"，成立了自己的武装队伍"抗日独立支队"（后来发展成"独立营""独立团"）。自吉林"蛟河暴动"建军以后，冯国霖与宫长海部始终用爱国热情和抗日决心激励着每个战士，他们打着红旗，佩带红色袖标，投入了与日伪军殊死的战斗。1932年2月，他们经舒兰、五常、榆树、阿城、双城等地一路转战，集结到哈尔滨，与李杜、冯占海、赵毅、邢占清、丁超等义勇军组织了轰轰烈烈的哈尔滨保卫战，冯国霖被任命为纠察队长。由于汉奸熙洽和张景惠勾结日军，哈尔滨保卫战失败。为了保存力量，各路抗日义勇军只好撤出哈尔滨，退到哈东。冯国霖虽是中共党员，他率领的独立营可以杀上战场，但终究左右不了整个局势，只好因势利导，与宫长海部联合冯占海、姚秉乾、李杜等没有投敌的旧东北军一部分，退到宾县、延寿、方正一带。

哈尔滨失守后，先期投降的李文炳警备二旅和成了伪军骑兵司令的于琛徵（于大头）旅，甘愿充当日本侵略者鹰犬，杀气腾腾窜至哈东6县，扬言要消灭抗日义勇军。此时，义勇军各部为了寻找战机，正面避开敌人的锋芒，退到方正县境内。其军事力量分布是：冯国霖的独立营驻在离方正县城12公里地的谭先生井子，宫长海、姚秉乾旅驻方正县城，冯占海部驻大罗勒密。

1932年3月4日，李杜召集冯占海、宫长海、姚秉乾和冯国霖开会。会上，北路伪军旅长李文炳派人给冯占海送来一封信，提出："义勇军如果退出哈东6县（指宾县、延寿、方正、阿城、珠河、五常），日伪军将不再进逼。"大家看了这封信，沉默很长时间。当时大家的心思是：李杜想退出东北战场；冯占海想进关；姚秉乾怕打仗；只有宫长海自建军以来，决心抗日。他为人豪爽，敢作敢为，其部下祖乃斌、蔡永庆、杨寿山、葛方庭等几名团营级军官爱国热情很高，并对哈尔滨失守后一再退却很气愤。冯国霖对宫长海说："我这几百人是不想退了，拼干净了也不枉是中国人一回，心里也痛快……"宫长海当即表示响应。这时，通讯员来报，说前线已经接火了。冯国霖当即骑马返回前沿阵地。这时，天空出现了7架日本飞机，地面上于琛徵的骑兵从延寿耀武扬威地冲过来；李文炳的警备二旅3个团近4 000人，以日军广濑师团长谷大佐的炮兵作掩护，从宾县向方正进犯，日伪军步步为营，屯兵于公路两侧的村庄。冯国霖指挥的400多骑兵和100多红枪会正埋伏在延方、宾方两条公路交叉点上。气势汹汹的敌人自以为哈尔滨得胜以后没有遇见阻挡，不可一世。他们不知道不甘作亡国奴的抗日将士，要消灭来犯之敌时会有什么样的爆发力。冯国霖一声令下，战马跃上沙场，顿时刀枪飞舞，弹丸炸裂，日伪军被这突然袭击，杀得人仰马翻，溃不成军，敌人副团长当场被击毙。战斗打响后，于琛徵的骑兵也从延寿冲了过来。冯国霖利用骑兵神速的优势，采取先发制人，迅猛迂回到宾方公路的会发恒，红枪会和宫长海一部分步兵也投入战斗。于是，在东起会发恒，西至高丽帽子（今宾县胜利乡）的东西走向长约百里的桶子沟里展开了一场速决战。

上午10点，冯国霖部首先在谭先生井子与于琛徵骑兵交火，敌军被击退，退进会发恒。冯国霖部迅速包围了李文炳旅第三团。中午，义勇军兵临会发城下，冯国霖部警卫员张德厚、连长王海州登上城墙，手持连珠枪、手榴弹向敌人喊话，令其投降。伪军见大势已去，开门缴枪，冯国霖部一举活捉该团团长孙喜尧及其部下。孙喜尧在1928年至1930年冯国霖被关押吉林伪监狱时，任监狱科长，所以他见冯国霖十分害怕。冯国霖对他晓以民族大义，教育他不要当汉奸。他表示愿意为我军带路；下午，日军派飞机前来侦察，我军根据孙喜尧提供的情报在城外洒上石灰圈，在坟地插上红旗，日本飞机果然把坟地当成目标，一阵轰炸而去；晚上，部队由孙喜尧带路，连续战斗歼灭李文炳旅第一、第二两团，接着包围了李文炳的旅部魏家大院。冯占海又派了一个炮兵连，带两门小炮、三发炮弹来支援。第二天拂晓，发起总攻。第一炮打在旅部门口，炸死李文炳小车司机，敌军乱营，争着向后山逃命；第二炮在逃跑伪军中开花；第三炮又击中目标，李文炳旅死的死，伤的伤。我步兵、骑兵在冲锋号中杀进旅部大院，除了李文炳、军需官、一个团长逃跑外全部被俘。

这场战斗我军大获胜利，计缴获敌人汽车3辆、炮9门、电话机30余部、各种枪支上千，李文炳旅几乎被全歼。与此同时，我军又集中火力，向高丽帽子日本炮团进攻。但魏家大院的大炮声，惊动日本军队，使他们有了防备，并有充裕时间构筑了坚固工事；加上姚秉乾求胜心切，命令部下李海州蛮打硬冲，使部队伤亡较重。虽未取得理想战绩，但也狠狠地打击了日本侵略者。整个战役以微小的代价赢得了大胜，打击了日伪军的气焰，振奋了哈东地区民众抗日情绪，为后来我党开辟哈东抗日游击区，建立根据地奠定了基础。

与此同时，赵尚志领导的珠河反日游击队缴了宋家店警所，袭击了太平警察署，击溃了秋皮囤民团，这一连串的胜利大大地鼓舞了哈东人民的抗日斗志。加上珠河反日游击队又发表了《反日战斗纲领15条》，更使得在日本侵略者奴役下的人民大众看到了光明，一些有民族气节的山林队和民团组织纷纷接受赵尚志改编，走上了联合抗日的道路。

1934年4月，赵尚志决定联合"北来"绺子队攻打黑龙宫，而没有联合朱万金大排队，原来这是赵尚志布置的一招棋。当时黑龙宫是黄英（黄炮）民团的地盘，这个家伙凭借着黑龙宫险要的地势，良好的装备，又有常万祥（延寿县警察大队长）的支持，称王称霸。他阳奉阴违，一面假惺惺同赵尚志结为兄弟，答应抗日；一面又暗中同常万祥勾结，企图消灭抗日游击队。赵尚志和哈东游击队识破了黄英（黄炮）的鬼把戏，也作了充分的准备，联合"北来"绺子队攻打黑龙宫，就是赵尚志要教训黄英（黄炮）民团的一次军事行动。赵尚志给黄英（黄炮）送去一封信，请他到秋皮囤的腰屯。赵尚志对他晓以民族大义，希望他能够分清泾渭，站到抗日方面来。黄英（黄炮）又是当面应允，并接受赵尚志赠送枪支，还表示"安顿好老母就率队抗日"。可是背地里却派人给常万祥送信，设计圈套，妄图消灭赵尚志。常万祥得到消息非常高兴，马上和二区保卫队长乔德功率骑兵、步兵200多人，分别从秋皮囤南山、北山和河套三个方向向赵尚志的游击队发起进攻。赵尚志胸有成竹，分兵几路应敌。令机枪手占领秋皮囤制高点，派人调动接受改编的"天星队"在常万祥的背后包抄，形成内外夹击之势。战斗从早上8点钟打响，一直激战到天黑，常万祥、乔德功乌合之众被打得晕头转向，分头向东北逃窜，赵尚志游击队一直追到王禹大院。常万祥未能久留，率残兵败将逃至大青川。

大青川正是朱万金大排队驻防的地方。当时任二队队长的朱万金本来属常万祥部下，常万祥逃到大青川当即对朱万金一顿训斥，责问他为什么不派兵去黑龙宫，为什么不听调动。常万祥手下一个中士班长对朱万金大排队的人大打出手，大骂他们"反满抗日"。朱万金忍无可忍，下令将常万祥30名士兵全部缴械，并扣押了常万祥（后来，常万祥被朱万金的弟弟放跑了）。这就是震惊日本侵略者的哈东重要抗日事件——大青川兵变。当时，朱万金见常万祥已跑，便放了被扣押的30多人，他自己也率领整个大排队投奔了赵尚志，接受改编，加入了抗日队伍。

1934年5月7日，朱万金的队伍同其他义勇军一起在赵尚志指挥下围攻宾县，并用朱万金带去的木炮轰击了宾州城。1934年5月15日、20日、25日出版的《泰东日报》（日本人在华经营时间最长的报纸之一，创刊于1908年，1945年停刊），连篇刊发了赵尚志和朱万金攻打宾州的过程。常万祥逃回延寿县城以后，马上率日伪军血洗大青川。日伪军凶暴残忍，烧房并村，杀人抢掠，无恶不作。朱万金由于得到了赵尚志游击队的帮助，带领全家连同乡亲都撤到了安全地方，因此免遭杀害。1936年春天，伪延寿县日本指导官哲力使用阴谋诡计，利用朱万金固有的农民意识，拉拢他部下叛变抗日联军。不久，朱万金的队伍被缴械，他自己也险遭毒手，带着妻儿老小投奔他乡，隐姓埋名躲藏起来。日伪并没有善罢甘休，哲力和常万祥派出特务、汉奸到处查访，悬赏捉拿朱万金。这一年农历五月初六，哲力终于买通了胡子王虎，在宾县一个叫王太屯的地方绑走了朱万金，将其杀害在宾县高丽帽子东蛤蟆塘附近小梨树沟的屯子里。

（四）火烧警备营

今六团镇太安村新村二屯西约2公里处，有一处残墙断壁的废墟，它就是抗日战争后期我抗日联军主力奔赴下江以后，日伪统治者建立的警备营。因为敌人根本不相信我抗日联军全部撤出了哈东根据地。虽然敌人的报纸宣传抗日联军被消灭，可只是自吹自擂，实际上在哈东的崇山峻岭中，抗日联军仍在勇敢杀敌。这一点日伪军很清楚，太安警备营就是基于这个目的修建的。

这个警备营有12间房屋，住有40名伪军，并设有电话、子弹房、伙房等。住在这里的伪军整天提心吊胆，生怕从山林中冲杀出一队抗日健儿，要他们小命。果然，1938年7月，这个警备营真的被抗联三军三师政治部周伯学主任率领的留守部队连窝端了。7月的一天夜里，月淡风清，夜深人静，唯有池塘蛙鸣阵阵、虫声唧唧。被警备营伪军抓去的农民做完了抹房割草、砍柴等繁重的劳动，也在一个草房里面睡下了，只有伪军哨兵还像幽灵似的流动。这时，忽然蛙声杂乱，哨兵听到"哗啦"一声，"谁？"敌人哨兵胆战心惊，壮着胆子吆喝。但一切又恢复平静。哨兵端着枪，揉揉眼睛，借着已经西坠的月牙余晖向茫茫黑夜张望。突然，他觉得脖子后一股寒气袭来，接着一只有力大手像钳子一样夹住他的脖子，他喊不出声，动不得，乖乖地被拉进草丛里。来的正是抗日联军三军三师留守部队，有300多人，在周伯学主任率领下神出鬼没地活动在哈东一带。抗联战士向警备营发起攻击，枪声吓坏伪军，他们顾不得抵抗，纷纷逃命，当战士们冲进营房时，除了死伤的伪军之外已空无一人。

战士们要放火烧掉这个警备营，可是草堆里却钻出不少吓得发抖的老百姓。周主任见他们衣衫褴褛，疲惫不堪，很是同情。他说："你们受苦了，请你们相信，日本帝国主义的统治不会长久的，日伪军也消灭不了抗联。我们主力部队到下江去是战略转移，这里仍有我们抗日军活动。"这些穷苦的劳动人民眼睛湿润了，握着战士们的手久久不愿离开。这时，战士们从屋里搜出子弹三四箱，电话机一部，还有大米、豆油等军用物资。抗日军民把这些东西装上马车，又把煤油浇到房子四周，一把火将警备营房子烧了，然后集合队伍，向西南山里进发。从此，这个日伪军修建的警备营变成了一座废墟。

第三节　抗日根据地的建立与建设
一、建立抗日根据地

"九一八"事变后，延寿人民表现出了对日本侵略者的无比愤怒，从城镇到农村，反日浪潮席卷全县。延寿县人民抗日斗争首先由红枪会举起向日本侵略者斗争的大旗。全县共有20个这种自发抗日组织，人数达3万余人。但是，这些组织由于缺乏党的领导，加之汉奸叛徒的破坏和出卖，红枪会内部分化，红枪会斗争失败了。

1932年12月，汉奸常万祥引狼入室，把日本侵略者迎进延寿县城。然而，正当日伪统治者得意忘形之时，延寿有了中国共产党组织，从此延寿人民的抗日斗争开始了新的纪元。

当时延寿境内山峦起伏，河流纵横，森林茂密，地势险峻。日伪的军事力量不能完全控制全县，且这里的人民群众的抗日斗争情绪高涨。"九一八"事变后，延寿县人民自发采取的各种形式的抗日斗争给中共满洲省委留下深刻印象。中共珠河县委正确分析了延寿地区的斗争形势，迅速派党员深入延寿县广大山区和农村，发展党员，并建立党的组织，1932年4月，延寿县第一个党支部在黑龙宫成立。7月，中共珠河县委改组为中共珠河中心县委后，又把黑龙宫支部改为黑龙宫特支。年末又派徐明信、孙磕巴、谭振久等同志到延寿县的中和天台山建起另一个党组织——延方支部。党组织的建立，犹如一盏灯照亮延寿人民的心头，党组织的成立和党员的活动使延寿人民看到了光明。处在地下的支部成员以他们的公开身份作掩护，向广大人民群众进行抗日救国宣传，用党的方针政策动员教育人民依靠共产党领导，反抗异民族的侵略和奴役，来挽救解放自己，用行动来打击日本侵略者。1933年10月，赵尚志领导的珠河反日游击队正式成立，不久第七大队大队长刘海涛带队到延寿县中和镇一带，同延方支部密切配合，使延寿地区的抗日斗争很快出现了新的局面。

游击队诞生后，在珠河中心县委的领导下，不断摧毁地方敌伪统治势力，鼓舞群众的抗日活动。各种抗日组织不断发展，给游击队以大力支持。于是，在中东铁路南以三股流为中心的抗日根据地内的抗日斗争越来越活跃。这把抗日的火炬，不仅照亮了珠河人民抗日斗争前进的行程，也照亮了延寿人民抗日斗争的道路，并使延寿人民的反日斗争进入了一个崭新的阶段。

1933年底，珠河游击队迅速发展到70余人。随着游击队的发展壮大，根据省委"积极开展游击活动""扩大游击区域"的指示，1934年1月，游击队越过中东铁路向路北挺进，开辟新的抗日游击区。路北临近大山区，地势险峻，交通不便，日伪势力比较薄弱，而我党则有广大群众的支持。游击队进入路北后，首先缴了宋家店大排队和几个警察局（所）的枪，然后攻占了军事要地秋皮囤等地，打了几场漂亮仗。这时赵尚志根据县委指示，认真学习中央"一·二六"指示信和省委指示精神，于3月在侯林乡召集了"青林""七省""友好""北来"等十余支山林队和义勇军首领联合会议。会上讨论和通过了在"三个条件"下即："第一，不投降、不卖国、反日到底；第二，没收日本帝国主义及其走狗的一切财产土地充作军费；第三，保护群众利益，武装群众共同抗日，允许群众反日组织自由"的共同抗日通令，成立了"以赵司令的东北反日联合军为首的路北抗日武装统一战线"，同时也建立了以侯林乡为中心的铁道北根据地。

1934年4月，游击队联合各抗日武装围攻二区黑龙宫。经过两路夹击，黄英（黄炮）民团及常万祥带领的伪保安队相继败逃，黑龙宫大排队长赵维甲率队投降珠河抗日游击队。与此同时，许亨植率游击队联合道北大小股山林队，一举攻占了延西重镇柳树河子（即兴隆镇）。日伪军很是震惊，伪新京《日日新闻》曾作了两次专题报道。

自大青川兵变后，朱万金同赵尚志拜为结义兄弟，宣布同游击队合作，参加抗日。到5月上旬，游击队又接连打开北围，占领五区小街（柳树河子）。此时游击队已达130余人。这时铁军、白龙、双龙等队赶来会合，自黑龙宫逃跑的黄英（黄炮）因惧怕游击队的威力，也前来合作抗日。至此，党领导的武装抗日统一战线基本形成了。同时，建立起以秋皮囤、黑龙宫为中心的延寿西北抗日根据地，与珠河根据地连成一片。

1934年6月，哈东支队成立后，司令部根据人员增多、队伍扩大、统一行动不便的情况及当时斗争的形式，决定分成三路开展活动。但是，在各路分头活动中，由于"左"倾错误的影响，个别山林队、义勇军队伍虽编入哈东支队，但他们对反日联合军中艰苦的生活、严格的纪律大为不满，同时对我军没收汉奸走狗的财产，发动群众开展分粮斗争等作法极为仇视。最后，在汉奸特务张显忠的收买诱惑下，公开叛变投敌。在敌人的拉拢下，黄英（黄炮）怂恿并纠合朱万金的部下先后脱离联合军，形成了以黄英（黄炮）为首的一股反动叛乱逆流。为了打击敌人的反动气焰，扭转在山林队、义勇军中由于黄英（黄炮）叛变后所出现的动摇情绪，赵尚志亲自率一队去大青川击退"于九江"汉奸队，烧毁敌军用农场，从而稳定了军心。

根据中共满洲省委的指示，1935年1月28日，以哈东支队为基础，吸收地方青年义勇军，正式编成东北人民革命军第三军，军长赵尚志，政治部主任冯仲云。首先建立起第一师，师长由赵尚志兼任，下属三个团。东北人民革命军第三军成立不久，先后开辟了马鞍山、半截街、加信子、关门嘴子、黄木营等地的抗日根据地。至此，又形成了以中和镇、加信镇为中心的"延东南"抗日根据地，并与方正根据地连成一片。根据地内的群众把抗日联军当作自己的子弟兵，而抗联战士则把这里的群众当作自己的亲人。抗日军民骨肉相连，共同筑成一道攻不可破的钢铁长城。整个抗日根据地内的生产迅速发展，人民生活得到极大改善，到处热气腾腾，充满生机，群众自豪地称根据地为"红地盘"。

随着游击队活动范围的不断扩大，珠河中心县委领导的各地方党的组织建设、武装斗争、群众工作及统一战线不断加强。地方党组织和抗日游击队每到一处都开展抗日宣传，帮助建立党团组织。各基层组织积极配合游击队的活动，广泛开展群众抗日斗争。

在"延西北"根据地，1934年5月初，游击队占领秋皮囤后，在党的领导下，根据地不断发展壮大，并建立了铁路北区委会。李秋岳、赵一曼同志先后担任了区委书记，范景海同志任宣传部长，刘兴亚同志任区长。随后，农民委员会、妇女会等群众性组织也相继建立，使抗日活动蓬勃发展。而在"延东南"根据地，早在延方支部成立后，共产党员李金帮、具世岭根据支部决定，在宝兴一带先后建立了"东北抗日救国总会方正分会""青年群众联合会"。支部宣传委员孙磕巴（原名不详）也在加信一家商店以做饭为掩护，进行抗日活动，7月，他为抗日队伍收集弹药，不慎暴露身份，自缢身亡。不久，珠河中心县委派韩振邦（韩大脚）任延方支部书记。8月，他到宝兴，发展了任福德、王纪甫为党员。9月3日，延方支部在天台山召集全体党员开会，研究满洲省委关于"广大农村建立农民委员会、农民义勇军、农民协会、农民反日会、同经会和游击队、农民赤卫队及群众组织与武装组织"的指示，组织发动群众，发展农民抗日力量，此后，延方党支部活动日益频繁。1934年2月，延方支部党员已发展到10人。为了进一步加强延方地区党组织力量，领导根据地人民配合哈东支队打击敌人，1934年8月，延方支部再次改组成立延方特支，原铁路北区委书记李秋岳任延方特支书记。特支在这一时期的工作异常活跃，党员发展到19名。

为巩固成绩，扩大战果，抗日根据地的群众在地方党组织领导下，积极为哈东支队筹集物资，侦察敌情，救护伤员，开展打击汉奸、巩固地方组织等一系列活动。

二、依托根据地支援抗日游击队

（一）搜集情报运送物资

根据地人民生活水平的提高和游击队的发展，对各种军需物资和生活用品的需求也大大增加，但是敌人为破坏根据地，实行了严密的封锁，使根据地的人民，特别是抗日军队的生活日用品和军需物资供应产生了很大困难。针对这一严峻形势，地方党组织通过各阶层人士，利用各种途径，为抗日军队筹集、运送物资，他们经常深入敌人统治较紧的加信镇、中和镇等地，动员爱国工商业者，以公开合法的身份，暗中把大量的棉衣、棉布、帽子、袜子、毛巾、食盐、粮食、子弹等物资转运给根据地的抗日军队。

由于日伪军几次"讨伐"搜山，游击队断粮缺盐，延方特支就给葛生屯农民委员会委员长葛生送信。他就同农委会的成员到村民家去筹粮、筹盐。群众觉悟非常高，都争相为游击队送粮、盐等物质，齐备后就套上大马车给游击队送去。延方特支的支部委员谭振久除了筹集物质还要为抗联军队开辟活动地盘、了解敌情，并设法给部队运送弹药和给养。为了工作方便，谭振久化名划先生，以行医作掩护，用党组织提供的大烟土和吗啡作为药，专为贫困百姓治疙瘩疖子。如果谁长了疖子，就先把里面的脓血挤出来，吃上他用大烟土和吗啡做的小药丸，既不疼又好得快。谭振久为百姓治病不收钱，因此划先生的名字很快就在群众中传开了，来找他看病的人也逐渐多了起来。时间一长，群众和他熟了起来，开始相信他，有什么话都愿意跟他说，他抓住这个机会开展地下工作，不露声色地了解敌情。有了群众的信任和支持，他了解掌握的敌情准确率相当高，延寿县的天台山战斗就是他掌握了情报带领队伍攻打的。

为了保证抗日军队的弹药供应，谭振久经常通过当地可靠的群众和自己的亲属等渠道为抗日军队购买子弹。有一次，他在通河县赵中显家筹集到了2 000发子弹，要送往方正县南八大棚山里。他找了个马爬犁，赶爬犁的是当地他信任的农民，为了掩敌人的耳目，他让去方正伊汉通走亲戚的赵中显的弟媳搭乘他的马爬犁。爬犁快到伊汉通时，远远地看见十余个日本兵迎面走来。他十分镇静，但爬犁上的赵中显弟媳担心麻袋里装的东西有些慌张。他急中生智对赵中显弟媳说："你不要怕，如果日本人问，就说我们是一家，你生病了去给你看病。"赵中显弟媳听他这么说，也平静下来，准备好了应付日本人的盘问。爬犁刚到半山腰，日本兵就到了跟前，拦住他们问："什么的有？""病的有，病的有。"谭振久急忙回答。日本兵准备检查时，看到爬犁上的老太太病得厉害，浑身哆嗦一直哼哼就放弃了检查，把爬犁推到了路边就走了。躲过了一劫他们继续赶路，直到把弹药送到抗日军队的手里。还有一次，谭振久奉抗日军队司令部的命令，化装成收破烂的小贩到通河县暗访了解日本宪兵队的情况，当他挑着担子刚到宪兵队门口时，冤家路窄，碰上了以前和他在一起活动现在投了日本宪兵的辛允迁从里面走出来。见到辛允迁，谭振久心凉了半截，不但任务完不成，恐怕抗日军队司令部也有危险，为保险起见，他连夜赶了140多里山路，到抗日军队司令部报告情况，立即转移，日本兵随后去搜山一无所获。

谭振久需要经常找人为抗日军队买弹药。一次在找加信子屯里的孙少先买子弹时被孙少先的侄子杨占武发现，杨占武到加信伪警察署告了密。1935年10月，由于日军烧房并屯，谭振久搬家路过加信子南门，伪警察署的人把他全家截住了，并把谭振久抓到了警察署，连续过堂，问他是不是抗联的人，是不是给抗联买过子弹，送过粮食。一连几天他只字不说，日本人失去耐心开始用刑，先用皮带打，再用麻袋摔，灌辣椒水，他宁死不屈，一字不吐。到第五天，抗联三军司令部了解到谭振久被捕的情况，将加信子包围准备攻打救人，警察署出于害怕无奈才放了人。

随着抗日宣传的深入，谭振久和当地的百姓建立起相互信任、亲密无间的感情。在为抗日军队传递信息过程中，他启发群众开动脑筋，巧妙地利用一些实物代替语言来传递消息。如：小麦代表日军，大豆代表伪军，玉米代表警察，高粱代表党和人民军队等，避免了很多麻烦。每当接到信息，他们都风雨不误，即刻传送，确保及时到达目的地。除此之外，谭振久还动员自己的妻子张景儒加入到他的事业中来，中共北满省委和珠河中心县委的命令、指示的信件都是由张景儒负责接收、收藏和转送的，张景儒还秘密护理患病的抗联干部和战士。一次，张景儒奉谭振久的命令和郑宽去通河县大猪圈大林子（八家子）送信，设计二人以兄妹相称，为兄接妹回家住娘家。妹在马上坐，兄在马前牵，巧妙地躲过敌人的纠缠顺利地完成了任务。

在党组织的领导下，谭振久他们紧紧依靠当地百姓，打破了敌人的封锁，使"红地盘"得到了发展壮大。

（二）粉碎敌人的偷袭和"讨伐"

1935年3月，延方特支书记李秋岳在她曾住过的寿山一带为游击队筹集军需物资时，被汉奸告密。延寿日本指导官哲力率骑兵前去偷袭。情况十分危急，李秋岳派人火速与七大队大队长刘海涛联系。敌我在腰岭子相遇，经过浴血奋战，我军打伤日本指导官哲力，日军被打得狼狈不堪，溃不成军，逃回延寿城。这次战斗，不仅保证了这批军用物资，也严惩了这些双手沾满中国人民鲜血的日本侵略者。地方党组织一方面为抗日军队筹集物资，另一方面还依靠群众侦察敌情，搜集情报，神出鬼没打击敌人。

在延寿县中和镇驻有日军守备队、日伪自卫团。但刘海涛领导的七大队一团就在他们眼皮底下活动，他们却一无所知，还不时遭到袭击。正因为有延方特支党组织与抗日军民的配合，抗日战士始终掌握着对敌斗争的主动权。1935年秋，伪军马团在关门嘴子一带"讨伐"。他们天天发现抗日军队的踪迹，就是追不上，打不着。但当伪军精疲力竭的时候，刘海涛率领的一团如同天兵天将突然出现在他们面前，一阵枪响，马团已是丢盔卸甲，仓皇逃窜。这就是李秋岳依靠群众同刘海涛团长布下的迷魂阵。

汉奸刘会清伪装积极，骗取了群众的信任，混进了反日会。1935年10月的一天，李秋岳同志为一团准备了军需物资，写信给刘海涛团长，让派人来取。刘会清报告了警察署。日军指导官哲力马上派日军曹高木为首的日本守备队前去袭击，李秋岳和刘海涛早已得到消息，在新开道埋伏28名战士。当敌人进入伏击圈，我军一齐开火，顿时，硝烟弥漫，杀声四起，日本军曹高木身负重伤，扔下十余具尸体，逃回延寿城后不久即毙命身亡。在党和人民群众共同努力下，敌人对"红地盘"的封锁被打破了，根据地得到了发展。

三、根据地的政权建设

在创建根据地过程中，农民委员会是重要政权组织之一。东北抗日游击队每打一次胜仗，"红地盘"就发展壮大一次，地方党组织就建立一个农民委员会。这个带有政权性质的组织，深受当地人民群众拥护和称赞。在党组织的帮助下，各地农委会相继建立起各种反日组织。如：中和镇救国会、三合甲（今尚志市长寿乡三合屯，当时属延寿管辖）、东北反满抗日联合会等组织。在这些组织中，三合甲的东北反满抗日联合会活动开展得有声有色。黄玉同志1936年春天参加抗联部队后，就在当地以伪满地方排长的身份，利用和群众办事接触的机会，向群众宣传联合会的主张和目的，向群众讲明"参加这个联合会以后，不但房屋不能受到破坏，一切财产还能得到保障，如果有土匪掠夺财产，也能由抗日联军将其要回"。经过他多次宣传教育，一些群众逐渐认识到这个联合会是给人民办事的。当时有杨福成、姜海清、姜海山、刘文福等很多群众找他报名。他还亲自到群众家里去登记。参加人员陆续不断，人数越来越多。他造好名册后，交给耿武同志。除此之外，他还经常做按户按地筹钱、筹粮工作，长期备好地方支援部队的粮钱。在此后两年多的时间里，共发展会员300多名。农委会除了组织群众反日活动外，采取一系列的措施，为建立和保卫根据地，支援部队做出了很大的贡献。

四、根据地的各项政策

根据地的各项政策关系着根据地的巩固与发展。

在土地政策上：农委会将汉奸、地主的土地分给穷苦农民，免收地税，实行"二八分粮"和累进税制，土地多者多纳税，以供抗日部队需用。在根据地内，每个农民每年仅纳税一元钱，大大低于日伪统治区域内的农民负担。此外，对军、烈属还实行了代耕政策。抗联第三、四、六、八军不仅在哈东根据地建有兵工厂、印刷厂、后方医院，还在延寿县境东部老爷岭一带山中建起密营、医院、被服厂和枪械修造所等设施。抗联部队攻打依兰和延寿县加信镇张家油坊时伪装成日军的服装，就是出自吕振才夫妇（解放后为加信镇凤山村开被服成衣铺的业主）所在的三军被服厂。杨海清父子二人曾在三军枪械修造所修理枪支三年多。

在文化教育上：地方党组织为提高儿童团、青年、成年干部的素质，送他们到军营轮训班进行学习和培训。李兆麟、赵一曼等领导同志经常到培训班讲课，讲革命道理。在根据地内，地方党组织还经常召集群众大会，宣传党的抗日政策、揭露日本帝国主义的侵略罪行。中共珠河中心县委发行的《哈东人民革命报》对"红地盘"革命群众的影响非常深刻。根据地的政权建设和发展，使"红地盘"的人民在政治上得到解放，生活上有了改善，在精神面貌上也焕然一新。哈东抗日根据地建立后，珠河中心县委、地方党组织及游击队，领导群众全方位、多层次地开展打击汉奸、地主的投降活动。1934年9月，阴险狡猾的黄英（黄炮）民团叛变后，率队攻打珠河侯林乡抗日根据地时，被我抗日武装部队和当地抗日武装自卫队击溃，他又对黑龙宫支部书记王洪生施以武力威胁、政治利诱和收买等手段，使王洪生最终叛变，黑龙宫支部处于瘫痪，并停止活动。为纯洁党的队伍，减少损失，许亨植、赵尚志奉珠河中心县委命令，将叛徒王洪生处决。

在政治方向上：地方党组织建立农民委员会，农民自主选举委员长或会长，并内设生产部、拥军部、惩反部、武装部、妇女部等机构。农委会领导根据地各群众组织和群众武装，开展打击小股土匪、除奸、拥军优属、为部队筹集粮款以及处理民事纠纷等工作。人民当家作主，从政治上打击封建地方的统治。

在经济政策上：没收大中小地主的土地。对地主、豪绅、商人征收反日特捐。1935年贯彻执行了中央"二八分粮政策"，实行土地改革，广大群众获得了土地的使用权，动摇了封建土地所有制，增强了农民的生产积极性和参与抗日斗争的热情。

在军事行动上：我抗日军民针对地主、汉奸竞相卖国、出卖爱国志士和共产党人及"大检举、大逮捕、大屠杀"的狂潮恶浪，坚决予以回击。加信张家油坊的大地主张家和范家对我党的政策极端仇视，不仅拒交反日特捐，还专横跋扈，横行乡里，欺压百姓，民愤极大，而对日本侵略者却奴颜婢膝，笑脸相迎。为了打击他们的嚣张气焰，李福林率抗日军伪装日军，不费一枪一弹，便惩治了这两个大地主。住在黑龙宫老道沟的牛志修（牛老道）卖国求荣，认贼作父，成为日寇实行血腥统治的鹰犬。他终日骑马挎枪，趾高气扬。他指到哪里，日本侵略者的"三光"政策就实行到哪里。人民群众无不切齿痛恨。这个十恶不赦的民族败类最后被砍死在黑龙宫城南的大河清沟里。赵尚志部队处死了出卖爱国将领赵兴武的汉奸白景石。

地方党组织与农委会在根据地施行的各项政策，不仅巩固了抗日根据地，还使根据地的人民群众看到了只有在共产党领导下，军民一心同日伪军、汉奸、特务进行坚决斗争，才能取得抗日斗争的胜利，实现把日本侵略者赶出中国的愿望。

五、根据地的群众组织和群众武装

1933年11月28日，中共满洲省委给珠河县委及游击队同志的信中指出："动员大批群众，尤其是工人雇农到游击队伍里去，最大限度地武装民众，来创造强大的左右一切的赤色游击队。"根据这一指示，延寿地方党组织经过艰苦卓绝的斗争，在根据地内先后成立了青年义勇军、农民抗日自卫队、模范队、儿童团等群众武装。

青年义勇军：黑龙宫的青年义勇军是最突出的，是当地农民赵有于1935年2月建立的，并亲自担任指导员。初建时只有12人，后发展到20余人。9月，该队全部编入张光迪率领的抗联第三军第二师。主要任务是为根据地站岗、放哨、巡逻、抓特务、镇压小股胡匪、配合部队作战等。这支队伍虽然存在的时间较短，但它为保卫家乡起了很大的作用。一次义勇军在站岗放哨时，一个20多岁的妇女借口到石山沟探望亲属，但义勇军觉得此人的行动非常可疑，经严加盘问搜查，从中发现破绽。这个妇女不得不招供是珠河守备队派来的特务，义勇军处决了这个女特务。他们还曾缴过胡匪"四海"的枪械。

农民自卫队：是游击队和地方党组织帮助建立的，是地方农民抗日斗争的群众组织。参加自卫队的都是当地的穷苦农民，有按年龄把青年和老年分编，也有按任务把脱产与不脱产的分编，他们的编制是随着斗争的发展变化而编设的。一般都以农民居住区域划片成立大队。下面设小队或班组。一般百人左右的成立大队。队长、班长由队员自己选举产生。武器只有少量的洋炮，多数是扎枪。其主要任务是以保卫地方治安为主，站岗放哨，巡逻送信，抓特务，打走狗，棒子手，配合游击队打击敌人。

模范队和游击连：有的地方初建时称模范队，有的地方叫游击连。只是因地方叫法不同而已，但其性质相同，是游击队的预备队。秋皮圈、黑龙宫的模范队在延寿县建立得较早。马鞍山、半截街、中和镇、加信子、新开道、黄木营等一带的农民模范队较晚。队员是从当地农民中选出来的，是脱产的地方武装。任务是保护根据地，配合游击队作战，受农民委员会和游击队司令部的调动，使用的枪支是正规部队换下来的，后来基本是快枪，模范队是游击队的后补队和预备队。由模范队中选拔身体好、政治素质高的送到游击队中去，因此模范队是一支重要的地方武装力量。

儿童团：是根据地的儿童群众组织。凡10岁至15岁的孩子都加入这个组织，这个组织有的地方叫儿童队。但不论叫团或队都设团（队）长一人，副团（队）长若干人，下面设分队或小队。他们的任务是站岗放哨，探听消息，更重要的是送信。儿童团员人小志气大，日寇的野蛮暴行在他们幼小心灵中埋下了仇恨的种子，同时，他们对伟大的祖国无限热爱。战争考验了他们，逐渐把他们锻炼成为坚强的战士。他们守村口，把要道，利用人小不被敌人注意的特点，对敌人进行侦察，他们机智地用草棍记住敌人的人数、枪支、牲畜等。他们撒传单、贴标语，特别是传送"鸡毛信"，给日伪军唱抗日救国歌曲，有的伪军被感动得流下了热泪，连日本侵略者也在他们抗日行动面前感到四面楚歌，末日将临。他们对宣传抗日、瓦解日伪军心起了很大作用。

在延方特支的领导下，各种群众组织对敌斗争活跃，而且给群众作出了榜样，他们既生产又打仗，防奸除特，为同日伪军开展持久战打下了坚实的群众基础。特别是不属正规部队的群众武装模范队在各地的游击战中，消灭小股敌人是经常的事。当抗日军转移之后，他们的任务更加艰巨，由于神出鬼没与日伪军周旋，拖住了日伪军主力，保证抗日军队转移。虽然他们的武器不精、装备不良，但他们英勇顽强的斗志，又隐藏于广大民众之中，因此他们是中国共产党领导的抗日力量中重要组成部分。

1935年春天，中共铁北区委书记赵一曼率领自卫队在三军司令部接受训练返回铁北，巧遇一队有几十个日本兵的小股部队在延东地区进行"讨伐"，自卫队员们怒火中烧，同仇敌忾，决心要同日寇决一死战。他们在赵一曼的指挥下，在关门嘴子（今延寿县太安乡关门山水库一带）布下了天罗地网。当扛着"膏药旗"的日本兵耀武扬威地走过来时，赵一曼一声令下，走在前面两个挎洋刀的指挥官应声倒下。自卫队员冲出了草丛，同敌人展开肉搏战。长矛、扎枪，一时杀得敌人鬼哭狼嚎，心惊胆战，一个个如惊弓之鸟，扔下武器仓皇逃遁。事后，日伪军知道是群众自卫队所为，敌人不仅畏惧我游击队的军威，也惧怕人民群众的抗日力量，给日本侵略者制造的"皇军不可战胜"的神话以沉重打击。

第四节　抗日根据地人民群众的巨大贡献

根据地的群众觉悟提高了，各种群众组织也相继建立起来了，党支部和抗联部队就有了永不凋落的青纱帐。

广大妇女在妇女会的组织下，为部队做军衣、军鞋、子弹袋；为战士洗补衣服、烧水煮饭，把温暖送到战士的心坎上。同时安置护理伤员，购买军需物品。她们不怕艰难困苦，不畏流血牺牲，为抗日工作做出了巨大贡献。黑龙宫妇女会，在李秋岳同志的组织下，于1934年3月成立，并设组织部、交通部、宣传部、缝洗部四个机构。她经常组织召开大会，宣传男女平等，婚姻自主；反对封建压迫、男尊女卑、包办婚姻；还发挥各部的职能作用，积极为抗日服务。妇女会的成立，表现了中国妇女反抗精神，许多人是从封建的家庭束缚中解放出来，进行抗日救国活动，为拯救民族的危亡而战斗。正如当时珠河中心县委一个报告中写的那样："尤其是游击区的妇女们，也给了他们许多帮助，她们为抗联的将士们洗衣服、补袜子，全是出于她们真诚的自动的本意。连儿童们都作抗联的小间谍和小联络员，为抗日做出巨大贡献。"

一、掩护抗联战士及家属

1935年，许成富在加信镇罗家岗屯住，与其姐夫魏东代同住一屋南北炕，魏东代是抗联队伍的人，经常不在家。10月的一天，太阳刚要落山的时候，许成富家来了一帮人，是魏东代让他们来的，他们都是抗联的干部家属，因驿马河一带日军烧房子，队伍都走了，他们不能跟着队伍走，所以打发这里暂时"避风"，隐匿些日子再做安置。其中，有郝子恩（范景海）的老婆、儿子、闺女和刘兴亚的父亲、母亲、孩子等。他们住到一个多月的时候，因伪警察经常来骚扰，住这么多人有些显眼，怕出意外，郝子恩的家属就搬到了别处。剩下刘兴亚的家属住了6个多月，刘士武被捕后才搬到别处去。1936年1月，魏东代又领来一个人住宿，他是抗联队伍里的刘士武，有时魏东代领着来，有时是刘士武自己来，都是晚间来，早晨走，只住一宿。时间长了，都互相熟悉了，刘士武还给许成富讲抗日军队不怕牺牲、吃苦耐劳的革命精神。5月的一天早晨，刘士武从许成富家去加信子办事，不幸被捕了。第三天早晨来两个伪便衣警察把许成富带走。加信子伪警察署长过堂审问："他为什么在你家住？有什么关系？"许成富没供实情，押了半个月，他父亲托同义发掌柜王佐臣把许成富保出来了。

抗日战争时期，丛万山家住在中和镇大沟北坎，经常帮助抗联买东西。1937年7月的一天，抗联第三军的赵连成同志让丛万山上方正县找马百户长买马掌、手电筒等物品。当天，他就从延寿县中和镇连夜赶到方正县城，找到马百户长，很快就把东西买好了。第二天一早，马百户长的父亲把东西驮在马背上，为了避免方正县城南门自卫团岗哨的盘问检查，马百户长的父亲亲自把他送到南门外，走到一片高粱地头，告诉丛万山说："离这儿不远的双山，那里有个营盘相当可恨，你千万不要在那里走，在营盘的附近有块高粱地，你就从高粱地里过去吧。"丛万山把东西捆好了，背着不敢走大道，全是窜高粱地、苞米地走。正当他走到离双山营盘不远，只听见大道有人说："听说今天有一个抗联买东西要过这里，咱们把他堵住，将东西给他劫下来。"于是他马上拐过一个地头，不敢站着走，就在地垄沟里爬到地头并越过了那个营盘以后，站起一看裤子已经磨破了。

二、为抗联筹粮筹武器参军

1933年，赵凤富在方正大石崴子西屯种地。春天，山里来了李占山等人，也要种地，他们借赵凤富的牛种地，结果牛被胡子队劫去了。李占山调来了抗联队伍400多人，向胡子队要回耕牛，并开展了大石崴子一带扩大"红地盘"活动。经李占山的开导，赵凤富开始给抗联第三军办事了。1938年8月的一天早晨天刚亮，第三军派人给赵凤富捎来信，需要粮食。他接到这封信以后，急忙找李占山和当地的任百户长商量，最后决定从各户动员。经他和任百户长动员了28户，大家听说给抗联筹粮，都主动支援米，多者一户支援七八升，少者也是三升以上，不到两小时，大家就凑了八斗米。备齐米以后，由任百户长出四匹马，除赵凤富和任百户长二人外，又找了两名群众牵着四匹马，驮八斗米送往梨树沟。见到了抗联队伍，交给了副师长任永富。将近一年的时间，赵凤富除送米外，还送衣服。1935年，他向地主赵廷芳动员出步枪两支和部分子弹交给了抗联队伍。另外，动员了郭庆和杨海珍之子参加了抗日部队。

1936年，梁会发家住在赵连泽沟里，这时抗联第三军的被服厂、执法处、修理所都住在他家。他一面在家种地，一面帮助抗联被服厂买东西，有时还帮助抗联送信。

群众薛桂芳1936年9月至1938年8月在三军被服厂工作两年，她的主要工作是锁扣眼、钉扣子和其他手工活。除了完成工作以外，还和男同志一起参加倒运山外筹来的布匹。1938年8月，部队远征，当时因其身怀有孕，快要分娩，不能同部队一起远征。于是，和她的丈夫吕振才同时离开抗联。吕振才是加信镇凤山村人，他在三军被服厂工作期间，主要是裁剪。该厂用的材料全由山外供给，山外将材料送到沟口，然后由厂里的同志倒运到厂里来进行加工。这样，他们一面裁缝，一面倒运。有一次，部队要攻打依兰，为了便于作战，智取敌人，需要被服厂在17天做出180套伪军军服。厂子人手不够，为了完成任务，他们起早贪黑干，没有休息时间，由于大家的努力，按期完成了任务。还有一次，攻打延寿县加信子张家油坊屯，需要30余套日伪军装也是他们被服厂制作的。

徐财同志在中和镇反日救国会担任会长期间，积极开展活动，一次他到部队看望抗联官兵，看到战士们的手都冻坏了，就对赵尚志说："给同志们买双皮袖吧。"赵尚志说："经济太困难了。"事后徐财花了280元（伪币）买了35双皮袖送到队上。他还亲自动员8人参加队伍。有一天，住在驿马河的蒋奎武，上加信街买东西，走到亮珠屯的徐凤山家门口就被抗联的同志抓住了，对蒋奎武进行了三次审问，但在回答上加信街的原因时，三次就说了三样。这样抗联的同志就认定他是密探，要勒死他。正巧徐财前去办事，认出了他，便向关化新指导员说明了情况，证明他是好人，关指导员这才答应放他。这事给蒋奎武很大教育。从此，他知道抗联是打日本人的好队伍，就把他的儿子送上了队伍。

1934年，抗联缺乏给养，李树春（李志本）就组织动员群众往队伍上送粮。同时又先后动员了5人加入队伍，如果入队人员家里发生困难，他就动员群众帮助解决。1935年10月，由于入队的新战士缺乏作战经验，一团在攻打寿山太平沟失利，很多战士在战斗中失散，不知去向。孟指导员（即韩光）派李树春把失散的战士找回来。他不分昼夜，风餐露宿，四下寻找，终于找回了十余名同志，并亲自把他们送回队伍。

邱守林为了糊口，给加信子南福安屯自卫团保甲所打更。

一天傍晚，加信伪警察署的特务绑着一个人押到福安保甲所，并交给一个叫王凤才的看押，邱守林认出被绑的人是抗联战士郭发同志（加信镇凤山村文信屯人）。当晚，郭发乘王凤才熟睡之机挣脱绑绳，光着脚提着鞋就往外跑。正碰见邱守林打更走过来。郭发见此情景忙求他帮忙，邱守林想了想，急中生智，把郭发扶上墙，等郭发跑远了，他就对天空放了一枪，并跑去报告："刚才我看见墙上有个人，我向他打了枪。"当时特务就四处追捕，可郭发早已脱险归队了。特务多次追究此事，为了避免特务的纠缠，邱守林离开该所，另谋生活出路。

在秋皮甸南沟有个屋子不大的中药铺，是程五先生开的，他同李五先生都是治黑红伤的。赵尚志带游击队到此后，这个中药铺就成了游击队的医院，原先是在屋子里治病，后来为防止敌人的骚扰，就挖了个地窖，把伤员转移到地窖中。两位先生的家属和附近的群众轮流看护伤员。伤员最多时达20余人。两位先生为解决药材不足的问题，亲自到黑龙宫和帽儿山去买。这个"医院"为游击队治愈了大批伤员，使他们重返战场，打击敌人。抗战胜利后，两位先生被追任为抗联有功人员。

人民群众在艰苦的斗争中深刻认识到，只有打败敌人，才能取得抗日的胜利。所以出现了送子参军、青年争着上战场的动人场面。黑龙宫的郝贵林就是其中一例。他出身贫寒，受尽压迫，当游击队传来打击敌人的喜讯，他非常激动，决心参加游击队，抗日救国。一天，部队经过黑龙宫，郝贵林正在地里干活，当即扔下锄头追部队去了。部队因其年纪小没有收留他，可他不灰心、不气馁，一直跟部队走了半个多月。终于拿起了枪杆子，成为一名光荣的战士。

由于根据地明显优于敌占区，敌占区的人民都向往根据地，许多群众携家带口迁入根据地。至1935年春，根据地内迁入2 000

户以上。根据地内生机盎然，日伪惊呼："珠河地区宛然有共产天国之感。"

三、修建山里密营

东北抗联密营是抗日联军的后方基地，它建在深山密林之中。设有被服厂、医院、枪械修造所，还有用桦树皮搭成的储藏粮食的仓库等综合设施。最初，密营的修建是简易的，后来建起了比较讲究的木刻楞房子。在延寿县东部老爷岭等方圆200余里的丛山中有很多这样的密营。抗联第三、四、六、八军都曾在这里修建过密营。比较著名和典型的密营，就要属金高丽沟密营了。

在延寿县东南部，蚂蜒河支流亮珠河左岸的崇山峻岭，都属于张广才岭的余脉，延寿一带人们都习惯叫它东山里。金高丽沟就在东山里这片茂密的林海中，它是一条东西走向的大川，长约15公里，宽约2公里。金高丽沟是因为有一名姓金的朝鲜革命志士在这里住过而得名。

1934年春天，哈东支队七大队刘海涛率队来到延寿县中和镇一带，开展游击战争。从此，延寿便和珠河、方正根据地连成一片。这以后赵尚志、李兆麟、冯仲云等同志常出现在这一带劳动人民当中。金高丽沟的密营就是这个时候建立的。据参加修建密营的梁会发老人回忆：三军执法处有个周班长，找到梁家（他当时住在金高丽沟外，赵连泽沟），请他带上木匠工具进山和三军战士共同建设密营。这座密营建在双丫岭下吊水湖右岸。密营后面是一座横山，一直延伸到小河边，和东北的两面山构成一个天然的屏障。向南到小河边是一片开阔地，像一个广场，当年曾开辟为抗联训练场。

每座营房长13米，宽9米，全用圆木搭成。室内有宿舍、警卫人员的休息室，内有三排木床，最多可容纳百人以上。警卫人员休息室在宿舍的房后，通向后山交通壕，山上有碉堡，分两个方向，在山背上修有工事，放哨的战士日夜守卫在宿舍的后山上，保卫着密营的安全。这个密营建成后，赵尚志、李兆麟、冯仲云等第三军领导很满意。经过研究，认为金高丽沟在崇山峻岭之中，山川沟壑，四通八达，藏于此，易守难攻。在军事上是难得的藏龙卧虎之地，于是决定把金高丽沟建成后方基地。

被服厂只是这个基地的组成部分。它位于金高丽沟钓鱼台后山的密林中。厂内共有十几台机器，20来人，而且大部分是女同志。这个被服厂有一栋三间房，一间是宿舍和厨房，两间是工作间，1936年秋季敌人"大讨伐"时，大部分同志都安全转移了，只有6名女同志埋好缝纫机后，和二师副官辛允庭突围。他们7个人在山里与敌人周旋了6天，只吃了几个萝卜。然而，快要到山外时，这7个人被方正县日伪军俘虏了。

为了保证第三军的活动经费，在金高丽沟响河边还办有淘金厂，有三十几个人从事淘金工作。他们所得的黄金补充了第三军的经费，减轻了根据地人民的负担。

密营的枪械修造所没有固定地点，常为抗日军队修理枪械的大都是当地有名的铁匠，在这些铁匠中有两个人：一个姓崔，原住在老五区（今尚志市庆阳乡一带）。此人善于修理枪炮，是当地有名的"小炉匠"。他为人正直、爱憎分明，为抗日军队修理枪炮很少收费。另一个是住在加信子的罗家岗，姓许，也是个铁匠。他背着工具钻进山沟深处生火开炉，给第三军修理枪炮，从不讲报酬。

第三军在金高丽沟的后方基地是非常保密的，特别是密营，只有师以上干部才可以自由出入，其他人都要经过检查和批准。负责保卫的是李福林领导的执法处，执法处设在钓鱼台附近，左右山上工事对峙，形如一把钳子牢牢地控制着金高丽沟口。每当打完仗后，第三军指战员需要进山休整，都要在这里经过执法处的审查批准。执法处设在这里是这个基地的第一道防线，一旦有敌情，战士在这里阻击敌人，基地内的人员可以有足够的时间撤退。

在这个基地中，医院是设在附近的二和尚沟的古庙里（三军副官马洪利就是在这里养病，遭到日伪军"讨伐"，被烧死在庙里的）。

金高丽沟三军后方基地仅存在一年多，是在1936年秋季"大讨伐"后期被破坏的。当第三军主力到达汤原后，珠河根据地的留守部队依然在这一带山里活动，建立地下交通网络。

为了摸清敌人的动向，以便及时为抗日军队搜集、传递情报，筹集、运送物资，中共延方特支在各交通要道，设立了交通站、转运站，发展我党的地下交通员，形成了一个规模较大的地下交通网络，使我党我军在斗争中处于有利和主动的地位。金高丽沟密营的修建就始终得到中共延方特支的大力支持和配合，并建立了地下交通线，使山里山外联系不断。"九一八"事变后，这条沟里有过佛堂。不甘心受日本侵略者奴役的中国人民在沟里练兵，举起红枪会的大旗，给日本侵略者以沉重的打击。第三军后方基地建立后，特支书记李秋岳，及后来接替李秋岳的刘士武等特支领导，把情报、文件、物资送到梁会发家，山里再派人从梁家转运回基地。

支援抗日军队的物资大部分是延寿县中和镇、加信镇人民提供的。也有的是延方特支向地方、汉奸等征收的"抗日捐"，这些物资通过亮珠河转运进山。在亮珠河上共有三个船口，摆渡的人几乎都为抗日军民服务。加信镇附近的李麻船口是其中重要的一个，摆渡者汤凤父子就是在为抗日军民服务时被敌人杀害的。

　　日本侵略者为了控制抗联部队的活动，将中和镇半截街附近的刘小钱船口烧了，禁止任何人给抗联摆渡，致使抗联部队在这一带的活动受到很大影响。一天，抗联第三军的邢亮同志找到陈财家，叫陈财帮抗联第三军摆渡，陈财没有答应。原因是前不久汤凤父子被日寇活埋，他心存顾虑。后来刘士武和李福林同志又做说服工作，陈财才答应为抗联第三军摆渡。从此，他白天劳动，晚上摆渡。

　　半截街驻有日本军队。一天，刘士武和邢亮同志来到陈财家，第三军已经知道了半截街的日军要出发，但不知具体的时间，所以让陈财去打听，如果日军走了，刘士武他们就可以把为部队筹集的子弹接过来并转给部队。刘士武见陈财面露难色，就掏出一元钱叫他到半截街打壶酒，买些麻花，顺便听听消息。陈财提着酒瓶，摆着小船过河上岸后，走到一条树趟子里，一拐弯就碰上了日军。他想躲开已来不及了，前面有一个日军问："马胡子的有？"陈财回答："不知道。"那个日军又大声问，他还是回答："不知道。"还没等这话说完，"啪"地就挨了一个嘴巴。这时骑在马上的日本军官"咕噜"了两句，另一个日军用刺刀在陈财的胸前挑了一刀，顿时他觉得忽悠一下，眼睛一黑，倒在地上。正在这时，后面又来了一队伪军，陈财在晕迷中只听有人这样叫"好人的，好人的！"日本兵这才走了，陈财低头一看，胸脯被挑了一条半尺多长的刀口。他挣扎着到了家，把情况告诉了刘士武同志。刘士武为陈财买了许多治伤的药，并亲自送到他家。过了几天，陈财的伤口慢慢愈合了，又开始了摆渡，终于把子弹送往河东岸，由抗联战士背走。地下交通网络的建立，为缓解第三军军需物资的短缺，策应我军留守活动，起到了重要作用。

四、默默战斗在隐蔽的交通线上

在山外根据地广大人民群众积极支持抗联第三军的同时，生活在东山里抗联密营附近的群众也积极投身到传递情报、掩护伤员、运送物资的行动中来。

梁惠忠是从山东闯关东来到延寿县中和镇的。"九一八"事变后，为了生活安定一点，他选在东山里赵连泽沟，搭了个小马架子全家住了下来。1935年冬天，赵连泽沟突然来了一支队伍，穿戴虽不整齐，可军纪严明，百姓的一根鸡毛都不动。一天，一个当官模样的人来到梁惠忠家，介绍说自己叫张树天，是抗联的人。其实就是李兆麟同志，百姓叫他"张科长"。他希望在梁惠忠家建立联络点，让他帮助抗联干点儿事情。梁惠忠一家早就恨透了日本人，当时就答应了"张科长"的要求。以后的一年多时间里，梁惠忠按照部队的要求掩护、救治伤员、传递信息、运送物资，为队伍提供了许多帮助。梁惠忠完成的第一个任务是救治4名伤员。1936年春节后，部队送来了受伤的副官马洪利、王连长和两名战士，梁惠忠把他们安置在3处，每天送饭、换药精心照顾。不久，除副官马洪利之外，其他3人就伤愈归队了，梁惠忠把他们送了一程又一程，直到看不见身影为止。

抗联部队在东山里的交通员多数由根据地的群众担当，为了安全，山里一个山外一个单线联系。梁惠忠就是山里的一个交通员，山外和他联系的人开始他不知是谁，后来知道叫刘士武，他们配合默契顺利地完成了许多任务。有一次，刘士武把为队伍筹到的粮食、药品、洋油（灯油）、豆油等物资送到赵连泽沟，由梁惠忠通知部队来取。梁惠忠发现部队来的人手少，一次拿不走这些东西，就主动帮忙送到部队驻地，来回100多里山路，为了安全只能走沟溏，艰难程度可想而知，但梁惠忠从没有后悔过，反而越干越有劲。最让他刻骨铭心的记忆是一次失误。1936年夏的一天下午，部队送来了7位伤员，伤情严重需要马上救治，他刚安顿好伤员就发现日伪军搜山并包围了伤员所在的窝棚。原来是伤员进山时暴露了目标，7名重伤员被日伪军打死在窝棚里，梁惠忠追悔莫及。

1936年秋，日伪军在东山里疯狂"讨伐"，抗联第三军损失较大，不得不转移。临走时，李兆麟挥笔在一块红布上写下"全家抗日"4个大字，并签名落款，作为给梁惠忠全家的纪念，并告诉梁惠忠："这个地方你们俩也待不住了，也走吧。"李兆麟说的"你们俩"的另一个就是指刘士武，当时的延方特支书记。由于日伪军的"讨伐"越来越紧，梁惠忠父亲害怕，趁他不在家时把李兆麟题字的红布烧掉了，留下了终生遗憾。抗战时期，像梁惠忠这样默默地战斗在隐蔽的交通线上的交通员还有很多，他们任劳任怨默默无闻，却为延寿的抗日斗争直至全国的抗战胜利做出了巨大贡献。

第五节　坚持敌后斗争赢得抗战胜利

一、延方地方党组织和革命政权建立

1935年9月，中共延方特支书记李秋岳同志参加了珠河中心县委召开的一次县委扩大会议。会上老陶（即陶净非）同志介绍了中央苏区的建设情况，并通过了《目前哈东的政治形势与我们任务的决议（草案）》。明确指出："在开展民族革命战争的基础上必须加紧建立民众政府的工作，十月底完成双城、珠河、延寿三个县政府。"本着这个精神，李秋岳同特支的几个同志马上投入到政府政权建设的准备工作中。

特支书记李秋岳首先在自己居住过的寿山沟里新开道一带的村屯组织了反日会、妇女会、儿童团等组织，同时还成立了反日模范队、农民自卫队、反日青年义勇军等群众性的武装组织。他们除了负责保卫地方、配合主力作战，还动员了大批青年参加了主力部队。

抗日根据地的发展、抗日联军的壮大，严重威胁着日伪在北满统治中心的哈尔滨，已成为日伪的心腹之患。日伪为了拔掉这个眼中钉、肉中刺，于1934年冬和1935年春先后两次向哈东根据地发动了大规模的"讨伐"与"围剿"。根据地军民英勇抗击，使敌人的"讨伐"均被挫败，巩固和发展了根据地的大好形势。敌伪哀叹"珠河地区俨然有共产王国之感"。1935年秋天，日伪下了更大的赌注。在军事上，以驻哈尔滨日军师团长岩越中将为司令，组织大批日军及六个县伪军，再次向珠河根据地发动了空前规模的"大讨伐"，并采取"步步为营、各个击破、分进合击"的战略战术，妄图一举消灭抗日联军。在地方上，实行所谓"治本"的"治安肃正"政策，屠杀地方党员、抗日群众、爱国志士。此时，中共满洲省委遭到严重破坏，完全与中共中央失去联系。哈东根据地内三军主力已撤到通河、木兰、汤原一带开辟新的游击区，留守的部队和县委干部在根据地内与敌人周旋，又坚持了一年多，终因寡不敌众，损失很大。

根据北满临时省委的指示，抗日联军向日伪统治的薄弱地区转移，为保存革命力量，地方党组织和党员分散潜伏。至此，延寿县的抗日斗争陷入低潮。但在中国共产党领导下的抗日联军播下的火种，依然燃烧在延寿的大地上。由于敌人连续不断地"讨伐"、归屯并户，经济封锁越来越加剧，并向游击区根据地大批殖入日本武装"开拓团"。因此，恢复老根据地工作遇到了极大困难。为适应形势的需要，配合抗日根据地的东移，地方党组织于1937年2月成立中共方正县委员会，领导延寿、方正地区的人民群众开展抗日斗争。

二、领导人民群众坚持抗日斗争

1935年夏，在哈尔滨召开了伪滨江等北部六省警备指导官和宾县、五常、双城、阿城、珠河、延寿六县参事官会议，炮制毁灭珠河游击根据地的计划。为配合日军师团长岩越的"大讨伐"，各县伪县长和日本参事官为头目组成了"治安工作班"，开始实施了所谓的"治安肃正"政策。

第一，为了分割抗日群众和抗日队伍，在广大游击区内建立"集团部落"。从1935年冬季开始，日军决定，凡距城偏远，靠近山林地带之处，划为禁住区。原有的房产一律拆除或焚毁，以消"温"源。为了达到日本侵略者的目的，在汉奸走狗的率领下，在中和、加信子、新立、奎兴、青川、寿山、玉河等山边地区，开始烧毁房屋，大批驱逐居民离开自己的田园。时值东北的秋冬之际，天寒地冻，庄稼还没有收完，人们被赶出自己的家门，日伪军把炕席卷起来，竖立起烧房子柴火，一时全县各处都是熊熊大火，烧毁的民房无法计算。中和伪保长汉奸刚文华领日伪军一次就烧房300多座，加信子李花屯到小遂河的全部房屋无一幸免。在烧房子后，日伪军强迫这些在山区居住的农民，在指定的地方建立村落。在零下的气温里，要重新修筑房屋是何等困难。因此，山区大批居民无法修筑房屋，不得不离开家乡，举家流浪。延寿县1934年全县有26 274户、137 597人，1936年剩19 029户、106 477人。减少7 245户、31 120人。日伪侵略者在房屋被烧毁无人居住地带殖入了武装移民"开拓团"。

第二，采取"清查户口，合并村屯，建立集团部落"。日军企图用"民匪隔离政策"把群众同抗日武装隔离开来，便于其统治人民，消灭抗日武装。实行"保甲连坐制"，从人民内部着手，加强其统治。1933年12月，颁布了《暂行保甲法》。保甲法规定：10户为1排，1村为1甲，1个警察区为1个保。到1933年末，全县共设有6个警察区，13个保，152个甲，2 274个排。继"保甲法"后，又实行了"卫村制"。一家有事，四邻连累，妄图以此制造人民之间的矛盾和分裂。

第三，在经济上疯狂掠夺，残酷压榨，实行了一系列的掠夺政策。农业发展极为缓慢，农民租地或出卖劳动力，受地主、富农和高利贷盘剥，还必须向兴农合作社缴纳"出苛粮"，过着食不饱腹衣不遮体的贫苦生活。民族工商业濒临崩溃，由于受日本帝国主义经济势力的排挤和日伪当局的摧残，民族资本已弱不禁风，市井萧条，苛捐杂税达34种。劳役沉重，日伪先后多次颁布各种法规，奴役人民。尤其是"勤劳奉仕"成为延寿人民的大灾难，有很多人因被日本人抓去"勤劳奉仕"而客死他乡。

第四，在思想文化上清洗民族知识分子，焚毁民族书籍，摧残民族意识。设立新闻出版广播机构，创办《协和报》，鼓吹"日满亲善""王道乐土"；宣传反动的"种族优劣"，制造民族矛盾；在其"文治"政策的统治下，愚弄人民，大力推行奴化教育，以培养为其效劳的顺民和御用知识分子。由于日伪对抗日游击区实行了为期三年的"治安肃正"，并进行了反复的"讨伐"和烧杀。中共满洲省委、珠河中心县委、延方特支遭到严重破坏。为了加强地方党组织领导力量，坚持领导人民群众进行抗日斗争，1937年2月，中共方正县委员会建立后首先进行了组织整顿，确定县委五人组成，书记刘兴亚、组织委员佟德山、宣传委员范景海、组织干事杨春、军事干事金鸣歧。下设中和、宝兴、会发恒、南天门、得莫利五个支部，党员19人。

会发恒支部：1937年春，在方正县委领导下，成立了会发恒支部，也叫二区党支部，支部书记王纪甫，曾在三师政治部任秘书工作,化名老徐;宣传委员李占山(1936年珠河县委调入),1937年7月调往通河;组织委员池山东(1936年由珠河县委调入),1937年7月后潜伏延寿县中和镇。

南天门支部:1937年春成立,也叫三区党支部,支部书记宋涉金。他原为中共汤原县某区区委书记,因工作暴露了身份,于1936年12月8日调入延方地区工作,1937年2月派至南天门;组织委员何德奎、宣传委员朱振海均于1936年冬由珠河中心县委调入。

得莫利支部:1937年春成立,也叫四区党支部。支部书记佟德山,因人员不足,他又熟悉情况,组织确定兼任本支部书记;组织委员卢占山、宣传委员老白均于1936年由珠河中心县委调入。

延寿、方正自建立党组织开始,两县由一个党组织负责党的工作,至1945年9月3日才各自分设。中共方正县委成立后,继续领导延寿、方正地区的人民群众进行抗日斗争,同时随着抗日联军主力转移,党的领导也向东部转移,并按上级党组织的指示,延寿、方正两县党员,分散隐蔽保存实力。

三、抗日战争全面胜利

(一)日本无条件投降

1945年2月4日,美、英、苏三国签订了关于日本的《雅尔塔协定》,苏联决定出兵中国东北。此时,中国的抗日战争已经度过了最艰苦的相持阶段,开始了全面反攻。8月8日,苏联政府对日宣战。苏联出动80个陆军师团、5 000余架飞机、500余艘军舰、5 500余辆坦克及各种战车、26 000多门火炮,陆海空总兵力150多万人,向驻扎在中国东北境内的日本关东军发动了进攻。8月9日,中国共产党中央委员会主席毛泽东同志发表了《对日寇的最后一战》的声明，号召"中国人民的一切抗日力量应举行全国规模的反攻，密切而有效地配合苏联及其他人民军队，应在一切可能条件下，对于一切不愿投降的侵略者及其走狗实行广泛的进攻"。10日和11日，朱德总司令发布受降及配合苏军作战的7道命令。同时，蒙古国骑兵及中国共产党领导的东北抗日联军，配合苏军向日军发起进攻。

8月15日，日本裕仁天皇以广播《停战诏书》的形式正式宣布接受《波茨坦公告》，日军无条件投降。9月2日，在东京湾的美国军舰密苏里号上正式举行了日本投降书签字仪式，日本政府全权代表外务大臣重光葵，日本大本营代表参谋总长梅津美治郎向盟军代表麦克阿瑟，中国代表徐永昌以及苏、美、英、法等国代表签署了投降书。在中国战区，8月21日，侵华日军总司令冈村宁次的代表、侵华日军副参谋长今井武夫等，到湖南芷江中国陆军总部接洽投降事宜。9月9日9时，在南京陆军总部举行中国战区受降仪式，日本大本营代表冈村宁次向中国代表何应钦签署了投降书。至此，中国人民浴血奋战14年的抗日民族解放战争以中国胜利宣告结束。

（二）不堪其扰、合力剿灭日军残余

日本无条件投降后，大部队虽已撤离延寿，但还留下不少来不及撤走的小股部队，他们时常骚扰周围百姓。还有一些武装"开拓团"也不甘心失败的下场，仍在随时欺压中国百姓。饱受日伪摧残的延寿人民，再也抑制不住复仇的怒火，纷纷拿起武器协助我军围歼日本溃散的零星部队。8月间，亮珠富永村的群众把窜入村内的30多名日军全部缴械。黑龙宫群众趁十几个日军正在吃饭之机，突然冲上去，消灭了他们。由原胶东军区游击队员、开道农民李省三发起组成的农民武装——开道游击队到亚布力、楼山、亮河、石头河子、中和镇等地搜查日军，在筒子沟一

举捕获了8名企图潜逃的日军。李省三又带领游击队60多人，在开道北沟包围了30多名日军，经过一上午的激战，活捉29人，其余全部打死。压在延寿人民头上的帝国主义大山被推倒了，人们兴高采烈，盼望能过上宁静幸福的生活。

第三章　新民主主义政权建立与巩固

第一节　"八一五"光复后延寿动荡的时局

1945年8月，14年艰苦卓绝的抗日战争胜利了，延寿人民同三千万东北同胞一样无不欢欣鼓舞庆祝胜利。但国民党反动派却要独吞抗战胜利果实，妄想消灭共产党。蒋介石一面撕毁协议，一面下令在日伪投降的地方组建国民党政权，建立国民党组织，发展地下军事力量，企图取代中国共产党对日伪投降后的接管和领导。

毛泽东和党中央已预见到东北局势的严重性和斗争的艰巨性。"八一五"光复后，在苏联红军进入东北同时，中国共产党派出了大批干部和部队进入东北，组成了以陈云同志为首、代表中央的东北党组织机构，领导东北人民消灭日本和伪满的残余势力，肃清汉奸土匪，建立各级民主政权。同时及时提出了把东北工作重心放在广大乡村，深入发动群众，建立巩固的根据地，逐步积蓄力量，准备将来转入解放全中国的大反攻。延寿地处哈东，远离省城哈尔滨市，又无主要交通干线，是理想的根据地，所以我党很重视这个地方的局势发展。从光复以来就同国民党建政、建党、建军分子进行了针锋相对的斗争。

1945年8月17日，成立"延寿县临时治安维持会"，伪县长于维汉任委员长，伪教育局长孙志谦任副委员长，委员有国民党县党部要员、劣绅杨光溥、孙骥超、伪延寿街长车书声、王子新、伪农会会长边显洲、伪军少校高振芝等人。临时治安维持会成立后，各村也成立了维持会，由伪村长、伪警职人员和地主劣绅组成。临时维持会为了巩固他们的统治地位，于10月1日改为临时县政府。抬出伪县公署行政科长郑恩泽充任县长，伪延寿街长车书声窃取了公安局长要职，占据了要害部门，同时增设了一个所谓的"参事会"，三朝元老张绍清和其他一些士绅成了参议员。各村又恢复了原来的村公所，人员也原封未动。临时治安维持会和临时县政府都没给延寿县人民办任何好事，并且以接收敌伪财产的名义任意挥霍，百姓背地里叫他们"为吃会"。

1945年8月21日，国民党延寿县党部成立，县党部开始设在一个个体医院，后来搬迁至南烧锅院里，并挂了牌子，插上了青天白日旗。在国民党党员李敬业的奔走串联下，"请"出士绅杜莱峰任书记长，配齐了机构编制人员。不久，杜莱峰提出辞职，李敬业当上了县党部书记长。兰金甲、陈英杰及在伪政府中没有势力的人纷纷投进国民党县党部并成为积极分子。1945年10月13日，伪军官龚成林受国民党党务专员驻哈尔滨办事处的派遣来到延寿，成立了中国国民党延寿县专员办事处，龚成林自命主任，并且挂上了招牌，10月31日被延寿县民主政府解散。

在县临时治安维持会建立的同时，一个以伪警察、特务、地痞、流氓和原自卫团为主体的国民党地方武装——保安队建立起来，伪警察署长兰金甲任大队长，兵痞陈英杰、杨贵为副大队长，他们搜集日伪遗留下来的枪支弹药及服装等物资，装备了8个中队约1 000人。各中队的中队长都由当地的地主、伪军警残余人员担任。国民党地下建军分子王兴武、朱清平、崔景胜、杨永昌、卢跃民等也纠集汉奸特务建立地下军事组织。

有日伪时期残匪范双山、老二哥、交的宽、四海、八河、东海等；新产生的与人民为敌的警察署长、大排队长、自卫团长，如梁国玉、辛永亮、宋贵和、刘昨非、王玉山等20余股500余人，均受国民党委任、改编，以军队番号活动在山丛之中。

当时活动于全县的反动会道门达20余种，其主要有"大刀会""一贯道""民生道""收缘道""中天道""家里教"等，他们以宗教活动为名，其实是国民党反动组织活动的一个方式，他们头目本人都是国民党建军骨干分子。

"八一五"光复后，马克正任苏联红军哈东司令，在方正、珠河、延寿建立了共产党的外围组织——"苏联之友社"和"民主大同盟"。

1945年8月30日，以中校苏斯金列夫为首的苏联红军进驻延寿。

1945年10月19日，民主人士朱殿超受李兆麟将军委任，解散了延寿县临时政府，建立了民主政府。宣布了10条施政纲领：（1）刷新行政组织；（2）减租减息；（3）安定农村；（4）确保治安；（5）打倒土豪劣绅；（6）取消反动党派；（7）发展工商业；（8）振兴和普及教育；（9）安定物价，确保民生；（10）进行区村建设。同时，接管了县保安队并改编为县治安大队。1945年11月29日，哈东专员公署派刘志民、驶原野、张进3位同志到延寿，加强民主政府力量，组织成立延寿县农民运动工作委员会。刘志民同志任工委副书记兼治安大队政治部主任，负责政治文化工作，重点是党的工作。驶原野任民政科副科长，协助朱殿超主持政府工作。张进任工委委员兼治安大队参谋长，负责军事工作。1945年12月，根据松江人民自卫军司令部指示，延寿县治安大队接受统一编制，为松花江军区一分区一团，受省军区指挥。

由于刚建立的民主政府没有充分发动群众、依靠群众，因此没有群众基础，更没有掌握武装政权，加之民主政府所属各部门仍由旧职人员组成，各揣心腹事，各顾各利益，使民主政府变成了空架子。而民主政府的施政方针严重地威胁旧势力的切身利益，他们蠢蠢欲动，随时准备颠覆新生的民主政权。

陈英杰叛乱：1945年10月28日，国民党党部反动分子策动县治安大队副大队长陈英杰和伪官吏尹怀阁联络土匪刘昨非，企图发动军事叛乱。朱殿超发现后，迅速通知了苏联红军，以军事手段强令解散国民党党部，扣押陈英杰、尹怀阁，并把他们押送松江省政府，但李兆麟认为不应使矛盾激化，陈、尹要争取教育而被释放了。从此，国民党党部、党专办事处转入地下活动。

"一八三特别行动队"叛乱：陈英杰叛变失败以后，国民党没有死心，还在千方百计进行破坏活动，国民党党专负责人李敬业、牧师吕心冕组织了"一八三特别行动队"，与珠河县国民党党专书记罗万昌勾结，于1945年11月28日午夜，先是在县城大街上散发、张贴"民主政府不能长久""等待中央军接收"的标语，后又从延寿县城东、北、西3个城门投进8颗手榴弹，并逃避了治安大队的搜查。这一恐怖事件，离间了治安大队同民主政府的关系，煽动治安大队叛乱。

兰金甲叛乱：兰金甲出身于大地主家庭，1944年充任伪满洲国延寿县警察署长。民主政府成立后，他虽然当了共产党的公安局长，但暗中仍与国民党联系，接受了国民党胡宗南、杜聿明所属地下军第九十六军二三三师师长崔景胜和胡永昌封其为四七二旅旅长的委任，等待时机，推翻共产党的政权。

1945年12月20日，兰金甲召集副大队长杨贵与驻守南烧锅的五中队长王守金等人开会，密谋叛乱，迎接国民党中央军。22日上午，在朱殿超、刘志民、驶原野、张进四人上班之际，兰金甲和杨贵叛变，将朱殿超、刘志民、驶原野、张进四人逮捕投入监狱，解散了民主政府，在街头张贴布告，宣布"代表中央军接管延寿县"，成立"县政府"，延寿陷入白色恐怖之中。几天后，兰金甲因与朱殿超的父亲交情甚笃，将朱殿超释放，软禁在家，其他三位同志仍被关在监狱。兰金甲曾多次到监狱企图杀害三名同志，但由于被关押的同志机警而未能得逞。

土匪蜂起：兰金甲一时得势，使延寿县反动势力嚣张。1945年12月28日，国民党建军分子李华堂、刘昨非、赵维清等公然被兰金甲请到"县政府"，一方面拨给巨额经费，另一方面共同密谋抵抗我军东进解放县城的对策。在山区，以国民党地下建军分子王兴武、朱清平、苏廷印、付荣亮、崔景胜、胡永昌等为首的匪帮认为时机已到，便出山到处放火烧杀抢掠，网罗死党，搜罗走卒。与此同时，接受国民党委任的胡匪双山、东海、老二哥、交的宽、四海、八河、万江、万海、孙大愣、梁国玉、宋贵和、王玉山等也在光天化日之下奸淫烧杀，企图配合国民党对北满进攻。

至此，延寿大地上乌云翻滚，广大人民群众在翘首盼望共产党和毛主席领导的军队到来。

第二节　三五九旅解放延寿城

1945年11月16日，根据东北局指示，北满分局撤销了中共滨江地方工作委员会，组建了中共松江省工作委员会，任命张秀山为书记兼省军区政委，钟子云为副书记，李兆麟、聂鹤亭、王建中、周维斌、张罗、张观等为委员。松江省委配合八路军三五九旅部队，开展了解放五常、珠河、延寿、通河、方正等县的军事行动。在解放延寿前，松江省军区曾两次派员对延寿进行实地侦察。

第一次对延寿侦察时间是1945年10月，由松江省军区警卫团通信兵张伦为向导，一行四人，前来延寿城内进行秘密侦察。张伦是延寿县人，在哈尔滨"江上军"暴动后，随队被苏联红军驻哈司令部接管，转入松江省军区警卫团当通信兵，在哈尔滨学习电台业务。当时警卫团派员到延寿侦察敌情，他自愿报名，担任向导，到延寿城内进行侦察。有一天夜里，4人在剧场看剧，演的是《马占山抗日》，见到了当时在保安队袁小楼中队任中队副的杨景春，张伦与袁小楼两人是老熟人，关系很好，趁机了解城里情况。在交谈中杨景春向张伦透露："保安队在城内要抓人。"听此话后，张伦觉得不对劲，没看完剧就领着另外3人迅速离开延寿，赶回警卫团。

第二次侦察时间是1945年11月，省军区警卫团又派张伦为向导，由一名营教导员率领侦察员张明新、苏丹、葛文仲、鲁泊等9人。这次来，张伦领着侦察人员住在延寿县城北门外姨家，通过熟人谈话和潜入城内进行周密观察了解敌情。当时，延寿县城内，保安队已集结了十几个中队千余人兵力，四门把守森严。但我军侦察员对城内军事部署、轻重武器装备、保安队大队部驻所、兰金甲的指挥所、周围的地形地物等情况，作了详细侦察，绘制了军事地图。

1946年1月22日，八路军三五九旅老七团大部和老八团一部，在旅长晏福生、副政委兼政治部主任李新的率领下，解放了五常、珠河之后，以排山倒海之势，兵锋直指延寿。延寿保安大队兰金甲、杨贵等人得知八路军要来攻打延寿，急令全县各地的保安中队除留部分人看家外，全部集中到延寿死守县城。延寿县四周有民国时期修筑的土城墙，经过日伪时期加固，易守难攻。兰金甲命人用沙袋、粮食袋堵死四门，负隅顽抗。兰金甲又派杨贵率领两个保安中队到横山头阻击。22日中午时分，八路军三五九旅先头部队与杨贵的保安队在横山阎家沟遭遇，经过激烈战斗，第四中队长吴甲三等十几人被击毙，四十多人被俘，杨贵率领残部退回县城。三五九旅兵分三路：一路向南，从蚂蜒河向东迂回包抄县城；一路向北，从北山向县城进攻；正面部队利用大道两旁的壕沟和树木作掩护，向县城攻击。指挥部设在八里桥（今延寿镇兴安村），炮兵阵地设在县城北山的制高点日军留下的忠灵塔上。1月23日，总攻开始。第三发炮弹就准确地射中兰金甲的指挥部——城中心小白楼。兰金甲、杨贵等人见八路军火力凶猛，知道难以坚守，他们想将朱殿超、驶原野、刘志民、张进当作人质，要挟八路军放弃攻城。杨贵提着枪，带领十几个保安队员来到监狱。但是，他们并不知道驶原野、刘志民、张进三位同志进监狱后，通过宣传革命道理，感化了几名看守。看守将枪支和钥匙交给了三人，三人将狱门反锁，任杨贵怎么叫也不开门。杨贵无奈，又去朱殿超家抓朱殿超。朱殿超被木匠铺掌柜周加栋藏在刨花堆里，躲过一劫，杨贵的阴谋未能得逞。驻守延寿县城的苏联红军指挥官上校安德罗波夫为配合八路军攻城，佯称受命转移方正，保安队不敢得罪苏联红军，24日被迫拆除东北门沙袋，为攻城部队创造可攻城的缺口，八路军乘机攻入城内。兰金甲、杨贵等人见大势已去，化装出逃，保安队员也四处逃窜。八路军占领延寿，延寿解放。

第三节　基层政权建立与巩固

一、恢复县政权完善党组织

延寿解放后，三五九旅撤离延寿，哈东军分区接防，哈东地委、专员公署迁来延寿。据时任哈东地委副书记王景侠手迹记载："何延川兼任县工委书记，王一清继任民主政府县长。梁明德协助工委书记、县长工作，具体负责培训干部。"

县工委、县政府把全县划为宝兴（今方正宝兴乡）、城关、新立、长发、嘉加信、中和、安山、寿山、玉河、平安、柳河、兴隆（今青川乡）、长寿（今尚志市长寿乡）、龙宫（今尚志市黑龙宫镇）等14个行政区。在14个区成立了民运工作队，不久，改称区工作委员会，并任命了14位区工委书记和14位代理区长，开始进入基层政权建设阶段。

这一时期，地委组成工作团，按松江省工委下发的《关于处理敌产的初步办法》，在城关区分配敌伪财产，建立配给店，将胜利果实分给饥寒交迫的劳苦大众，解决无米之炊；在农村各地发动农民开展减租、减息、反奸清算运动，把汉奸、地主、恶霸、惯匪的土地、粮食、牲畜、农具等分给贫困农民，解决果腹之急。军分区主力开始在延寿剿匪，以肃清对新生政权的威胁。

1946年4月上旬，为了加强新生人民政权的建设，延寿县召开首届参议会，参加会议的有工、农、商、饮食业等代表80名。会上学习了毛泽东同志在陕甘宁边区参议会上的讲话，讨论了民主县政府的施政纲领。梁明德向大会致辞，何延川作了报告。会议选举梁明德为县长，朱殿超为参议长，刘麟钟为副参议长，朱殿超、刘麟钟等6名同志被选为松江省首届人民代表会议代表。

同时，县政府成立了参议室，参议员的参议证上均有梁明德县长的题字："说人民要说的话，办人民要办的事。"梁明德，原名项廷椿，又名项与年，福建省连城县朋口乡人。1925年加入中国共产党，1927年转入周恩来在上海创办的中央特科。"他最为辉煌的一页，是他和战友在获得庐山会议'剿共计划'这一重要情报后，为了及时送到中央苏区，他敲掉门牙，扮成乞丐，穿越重重封锁线，日夜兼程，把这一关系到革命全局的重要情报及时送到瑞金，亲自交到周恩来手中。其时，正处在红军实行战略大转移的前夜。"（习仲勋为《山路漫漫》一书作序中的一段话）长征中，毛泽东同志在突破乌江后感慨地说："我们这些人能够活着出来，搞情报的同志是立了功的！""搞情报的同志"就指梁明德等人。1946年4月至1946年12月，梁明德担任延寿县县长，他带领全县干部群众共同努力，不到一年时间，延寿就发生了翻天覆地的变化，政权稳固，人民安居。

1946年7月，中共延寿县农民运动工作委员会改为中国共产党延寿县中心县委员会，邹问轩任中心县委书记，李龙淇、刘志民为副书记，毛华初为组织部长，梁明德、吴键为委员。

1946年9月，中共松江省委撤销中共延寿中心县委，恢复中共延寿县委，邹问轩继续任书记。邹问轩，革命烈士邹韬奋的弟弟，学生时代接受了马克思主义思想，拥护中国共产党的主张，积极参加共产党领导的学生运动。1935年参加革命，同年加入中国共产党。1946年4月，松江省委派他来延寿，任延寿中心县委书记。后中心县委取消，邹问轩继任延寿县委书记兼独立团政委。这时期的主要工作是剿匪和"土改"，邹问轩夜以继日地工作，担任剿匪总指挥，与独立团团长周正率领军队，从黑龙宫打到宾县，消灭了以黄英（黄炮）为首的一股顽匪。从延西打到尚志县（今尚志市），消灭了以刘昨非为首的700多名土匪，对肃清延寿境内的土匪起到了决定性作用。

1946年11月21日，延寿县召开首届农工代表会议，出席会议代表150人，松江省政府主席冯仲云到会并作了报告。大会选举产生了延寿县农工联合会，主任孙友谦。会议提出"挖匪根，挖穷根，反翻把，发展山林武装队，发展纺织、亚麻和其他副业生产，扩展县独立团，整顿民兵、自卫队和儿童团等项工作"，并通过了《联合会章程》。到12月，全县106个村中建立105个村农会，共有会员31 101人。

二、培训干部发展党员

全县农工代表会议以后，开始整顿干部队伍，制定了清洗坏人、纯洁干部队伍的五条原则：村屯政权暂由农会代替；区可设政府；农会干部强调家庭历史和家庭成分；县、区政府伪满人员一个也不要；新干部的选拔主要看成分、历史和本人品质。经过整顿，全县清洗各种坏人273人，真正树立起了贫雇农的绝对优势。

延寿县建政之初，最缺的就是干部，县工委、县政府针对这一实际，从培训干部入手，采取"就地取材"的办法，从当地选拔一批穷苦知识分子、青年学生和苦大仇深的贫雇农积极分子、公教干部，举办培训班，培养干部。

1946年3月开始，利用一个月的时间，先后举办两期培训班，学习中国共产党的纲领和党的宗旨，学习毛泽东同志的《为人民服务》《愚公移山》和《纪念白求恩》三篇光辉著作。梁明德等县工委、县政府的负责同志亲自讲课，用延安精神教育激励广大学员。在培训班开班典礼座谈会上，梁明德作了动员报告。他结合自己的亲身经历，教育学员要坚定信念，不怕吃苦，不怕牺牲，为共产主义奋斗终生。他意味深长地说："在工农红军艰难创业的年代，我之所以能够冒死将情报送到中央苏区，就是心中有一个信念：代表劳苦大众的中国共产党一定能胜利，共产主义一定能实现。事实证明，我们打败了日本侵略者，又即将战胜国民党反动派，新中国诞生已为时不远。我们举办干部培训班，一是为建立政权培养干部，二是为建立新中国培养人才。你们任重而道远，不要辜负党对你们的期望。你们要刻苦学习革命理论和党的各项政策，在培训班上武装头脑，下去之后武装群众，发动群众，为夺取全国胜利不怕牺牲，勇往直前！"一席话说得学员人人激动不已，纷纷表示一定认真学习，不辜负组织的委托。

两期培训班共培训170多人，毕业后分配到县政府机关、14个区工委和区政府工作，并从中选拔一部分优秀学员，连同哈东军区派驻延寿的20多名部队干部一起，组建了延东、延西两个武装"土改"工作队，延东工作队由工委副书记李龙淇任队长，负责宝兴、嘉信、中和、安山、寿山等延东地区；延西工作队由工委委员刘志民任队长，负责平安、柳河、兴隆、黑龙宫等延西地区。工作队的主要任务是宣传党的政策，发动群众，剿匪反霸，开展土地改革试点，为以后延寿县全面开展"土改"运动，创造了良好的条件。

三、举办公教干部研究班

1946年12月至1947年3月，结合整顿干部队伍，延寿县开办了公教干部研究班，对一些有问题的干部实施系统的思想改造，参加研究班的140人，有70人坦白悔过，交代了自己的历史问题。延寿县（工）委在建立地方政权，扩大人民武装力量的同时，按照上级党委提出的"斗争中发展，个别考察，秘密发展"的建党原则，在全县先进知识分子、青年学生、工人、农民等各个阶层中，选拔90名思想进步、积极参加革命的同志，经过培训后，派到各个区村以及机关单位工作。经过锻炼和考验后，一些同志被吸收到党内，如后来在延寿县社会主义革命和建设中做出贡献的邓时成、王莱信、门杰等。

第四节　全面清剿匪患稳定新局面

一、匪患四起罪恶累累

1946年5月，蒋介石发动大规模内战，县主力调去哈尔滨，反动分子、国民党建军分子、地主恶霸认为时机已到，他们互相勾结、狼狈为奸，开始猖狂活动起来，对人民群众犯下了种种罪行。

南部靠山屯、陈家营、老西沟、姜家街等有土匪300多人，匪首除了辛永亮、邓文江，还有孙景生、何文秀及受委任的国民党地下军团长王海山、李有等。西南部一棵松、石家屯聚匪80多人，匪首是殷福德、魏国璋。东部加信、中和一带500多人，匪首是赵青山、田福林。朱巨胜屯、张油坊屯、老天门子一带100多人，匪首是梁国玉、范双山、李文生等。北部新立屯50余人，匪首马守发。六团凌河村大排队30人。长发村土匪40多人，匪首是刘光青。桦树门子土匪20多人，匪首是王兴武。西北部大青山、张太沟、太平川、曹家大院有匪200多人，匪首是老二哥、长胜、四海、一麻脸等。西部黑龙宫、青沟子、石场有匪400多人，其匪首是黄宝金、王玉山、王凤岐、北来。

此外，国民党建军分子利用封建迷信组织的反动会道门，在延寿县境内组织起红枪会（大刀会），干了许多坏事。

平安村国民党地下建军营长魏国璋为会长，大地主尚世友出面，法师张某组织了近百人的红枪会，他们策划了柳河区中队叛乱，绑架了我军干部。贾志村红枪会会员50余人，法师翟成长，道长闫成山。

加信村红枪会会员300多人，道长殷信礼，法师陈小辫，他们曾袭击朝鲜中队，造成很大伤亡。

综上所述，延寿县土匪基本成分可归纳成如下几种类型：

（1）国民党建军分子纠集的武装；

（2）惯匪、日伪时期延续下来的胡子，他们虽受国民党委任，但仍保留土匪独立性；

（3）民主建政后出现的武装叛乱分子；

（4）反动会道门，主要是红枪会（大刀会）。

这些反动分子，有计划、有组织地纠结在一起，形成了一种反革命势力。在延寿县境内，从城镇到乡村，从平原到山区，不时出没，打家劫舍，杀人放火，大肆抢掠财物，制造谣言，蛊惑人心。破坏民主政权建设，迫害翻身群众，杀戮干部战士，其目的就是颠覆人民民主政权，恢复地主阶级失去的天堂，重新把广大劳动人民推进阶级压迫的火坑。因此他们丧心病狂，犯下累累罪行。

国民党东北保安长官司令部保安军第九十五师师长王兴武在延、方一带组织大刀会，联络李华堂匪部近千人集结在县城周围，他们与县城内国民党地下建军分子王宗周、赵海楼密谋，妄图里应外合，以北门为突破口占领县城。然而，我军一分区早已获得情报，及时赶来延寿，破获了敌地下军事组织，活捉了王宗周和赵海楼。

柳河区中队副队长、地主分子殷福德率全队叛变。他们绑架了我军营长、区中队指导员鲍维舟，集中匪徒80多人，携枪60多支，钻进平安区南部山区"一棵松"一带进行土匪活动。

大刀会头子殷信礼勾结方正大刀会法师陈小辫组成国民党武

术团，在新立区发动叛乱，杀害我朝鲜中队战士4名，缴去步枪25支、机枪1挺，同区自卫队长、地主分子马守发一起率全队叛乱进山为匪。西部兴隆、黑龙宫一带陈亚东、王玉山、黄宝金、王凤歧等，多次袭击我工作队，在新民村打死我军战士1人，杀害了共和村村长宋贵，并强令翻身农民退回全部分得的胜利果实。

在加信区太平屯，土匪刘纯志一次就杀害5名群众。

土匪宋贵和、辛永亮、邓永江等率匪70多人在加信区将朝鲜屯50余户人家全部抢光、烧光。

洪山村前自卫队长陈宝珠杀死共产党员田校长，率20余人叛变入山为匪。

……

上述事件加重了延寿县匪患局势，威胁着人民群众生命财产的安全，引起了省委、省军区的关注，并将剿匪斗争作为工作重中之重。

二、军民携手展开剿匪斗争

（一）野战部队剿匪

1946年7月驻延寿县的野战部队有：朝鲜支队，队长金泽明，驻县城及加信镇；三分区二十一部队驻中和镇；一分区一旅一团，团长赵峰，一部驻珠河，另一部由政委兰映林率领，驻延寿县城和兴隆、柳河、平安一带。

野战部队的剿匪行动：兰映林指挥的部队首先直捣县境南部姜家街、老西沟藏匪，迫使匪徒向东和东北逃窜，然后分兵一队协助驻中和镇的三分区二十一部队、加信镇的朝鲜支队，三路围歼东南的新开道、陈家营藏匪，经过打击，土匪向北靠近新立区，然后由朝鲜支队横扫县境北部山区，将土匪消灭后，再往北部山中逼近；在延西，兰映林又率领部队从平安、柳河、兴隆、黑龙宫一带山林中由西、南两个方向向东北扫荡。这样，全县境内土匪活动的地方只有延寿、方正、珠河、宾县交界的大山中。为了配合野战部队剿匪，县委组织了武装工作队随剿匪部队开进新区，抓紧建政，武装群众，稳定局面。

（二）组建县区武装剿匪

县委、县政府彻底改造了县保安大队并建立起人民自己的武装——延寿县警卫大队。原县保安大队是镇压人民的反动武装，大多数人劣迹斑斑，没有战斗力，立场不坚定，与逃入山林中的土匪有密切联系。针对这种情况，县政府采取办学习班的方法对他们进行强制性改造。县长梁明德亲自训话要他们洗心革面，立功赎罪，重新做人。之后再通过审查、甄别，绝大部分予以清退回家，让他们劳动改造、自食其力；只留用几名出身穷苦、因生活所迫而进入保安队混饭吃的人。同时，将一批有献身精神、有工作热情、痛恨国民党、反对民族压迫的朝鲜族青年和有阶级觉悟的农村青年，吸收到县警卫大队，县公安局长刘雁林兼任警卫大队大队长，郝夫友担任指导员。警卫大队共有100多名干部、战士，对全县剿匪、保卫新生政权工作起到了决定性作用。同时，14个区都成立了30至50人的警卫中队，协助县警卫大队进行地方治安、剿匪工作。

（三）组建群众武装剿匪

县委、县政府提出"全民自卫"的口号，在各村屯建立了扎枪队组织，成立了儿童团，平时由队长进行教育训练，在交通要道和重要路口，负责侦察放哨，盘查行人，遇到战事由村统一调动，负责担架运输及配合主力完成后方勤务工作；在各村建立了洋枪队（民兵），集中全村的洋炮、抬枪，平时负责保护全村，战时接受区指挥调动，执行任务；区建立钢枪自卫队（基干民兵），按照各区地形，建立三角联防，每三个区结成一个联防区，有事互相呼应，统一行动。据1946年8月上报资料统计，全县共有民兵4 917人、自卫队8 771人，有步枪175支、洋炮1 137支、扎枪11 141支，这是一支不脱产的群众武装组织，对保卫"土改"胜利果实、维护地方治安、清剿土匪、消灭匪患都起到了很大作用，也成为主力部队兵源补充的后备力量。

（四）组建县独立团剿匪

1946年7月，延寿县开始组建独立团，团长梁明德，政委刘岐凤。11月，根据《中共松江省委关于建设新兵团的决定》，延寿县扩建了独立团，各区在民兵中动员参加县独立团。扩建后组建了12个新兵连，调整了政委和团长，县委书记邹问轩任政委，周正任团长，刘岐凤改任政治部主任。这支县区武装部队，配合主力部队剿匪，为建立巩固的根据地做出重大贡献，后来编入野战部队，随军南下，参加全国解放战争和抗美援朝战争。

（五）与友邻县合力剿匪

延寿县境内土匪遭到野战部队、独立团、民兵及广大人民群众追剿打击之后，纷纷自首投降，但仍有一些亡命之徒逃进深山老林藏匿。为了彻底消灭土匪，1947年5月4日，延寿、方正、宾县3县共同联合民兵800多人、自卫队100多人，自带给养，由各区干部带队，组成浩浩荡荡的沿边民兵武装搜索队，在东西长130余里的延寿、宾县、方正、珠河交界的大山里进行了大规模搜山，清剿土匪。经过3天时间，足迹踏遍了黄拜沟、耿菜营子、万人欢、大青山、朝阳河、大小老丫窝等森林地带，5月6日会师后确定了延寿、宾县、方正3县联合剿匪方案，落实了3县剿匪计划，并联合行动。到1947年底延寿县境内大股土匪基本肃清，小股残匪仅有少数人逃出了县境进入东南两省（牡丹江、松江）四县（延寿、方正、苇河、海林）交界的大山里，他们当中有刘清来10余人，万江6人，万海7人，王青山10到12人，孙大楞

3人，赵维青15人，北海9人。

为了最后剿灭这些顽匪，友邻各县于1948年初又组织一次联合剿匪的共同行动，同时派民兵长期驻扎在山下，用围困、追剿等办法迫使土匪缴械投降。

三、政策措施保证剿匪全面胜利

（一）镇压顽匪

当时，在全县境内有多股国民党委任的土匪武装，其中以国民党东北保安长官司令部保安军第四军所属第九十五师师长王兴武为主，他纠集朱清平、崔景胜、张学山等匪首（皆为师长），搜罗匪徒500多人，活动于新立、桃山一带，大肆进行建军活动，反动气焰极为嚣张。

1946年5月，东北民主联军四平之战失利，部队被迫向东北的中小城市撤退，国民党哈尔滨军部派联络员来延寿，命令王兴武集结其余匪军，于6月末前攻陷延寿县城，然后率众西下，配合国民党军队攻占哈尔滨。王兴武接到命令后，遂联络延寿境内各股土匪及宾县、珠河刘昨非一部分土匪1 200余人，约定6月中旬集结在延寿县城周围待命，司令部设在长发屯。又令其党羽王守洲、赵海楼在城内组织地下军指挥部，定于6月18日，以北门外三声枪响为令，里应外合拿下县城，颠覆民主政府，夺取政权。

县长梁明德具有丰富的白区斗争经验，深知谍报工作的重要。他多次召集保安工作会议，指导县公安局在土匪活动猖獗的地区部署眼线，为剿匪部队提供情报。县公安局利用全县最大匪首王兴武摆香堂、收徒弟、网罗匪徒的机会，派遣得力战士打入王兴武"在家里"组织内部，随时掌握王兴武动向。情报员侦察得知王兴武要聚众攻打县城的消息后，及时传递了情报。县政府接到线报后，立即向上级报告，并进行战斗动员和部署，抢在敌人行动之前，县公安局先将地下军组织破获，活捉了匪首赵海楼。军分区接到报告后，立即派独立营及时开进延寿县城，围城匪军不战自溃。

王兴武匪部在我军不断围剿中逐渐崩溃，王兴武随即潜逃到牡丹江市伪装成小贩，秘密活动，伺机东山再起。后在挖匪根中，城关区积极分子冯成武探得了王匪住址，在公安局的协助下，仅3天就在牡丹江市将王兴武逮捕归案。逮捕他时缴获委任状5张、臂章1枚、训令1张。该犯归案当天，延寿县城街头巷尾万众欢腾，庆祝延寿捉住了众匪首之首，除掉了一大祸害。此后，各区先后从宾县、方正、珠河、苇河等地捕回隐藏的匪首14名，缴获短枪11支、长枪28支、子弹965发、马3匹及其他物资，使那些罪大恶极的匪首全部伏法。

1946年9月8日，邹问轩、梁明德主持召开了军政干部会议，决定利用3个月时间，集中全县兵力，开展剿匪斗争。会议决定组建全县剿匪总指挥部，邹问轩任总指挥兼政委，梁明德任副总指挥兼剿匪总司令，将全县划分东西两个战区，李龙淇任延东剿匪司令，刘志民任延西剿匪司令，并发布剿匪命令。剿匪部队经过十几天的短期整训，剿匪战斗随即展开。

第一次剿匪战斗是主力部队出击，打击县城南山股匪。部队直捣姜家街、老西沟、靠山屯的匪巢，匪首辛有亮、孙景生等人率众匪徒望风而逃。

第二次战斗是朝鲜三支队第二中队，突袭县城东南新开道、陈家营的匪部，仅少数逃跑，其余被全歼。

第三次战斗围剿县城西北土匪"北来"，此次围剿，梁明德与延西剿匪司令张希尧亲自率领独立营和警卫连开进县城西北兴隆镇（今青川乡）。兴隆镇东接县城，西连珠河，北邻宾县，自古商贾兴旺，故得名兴隆镇，也是胡匪频繁出没之地。惯匪"北来"聚众400多人，经常骚扰兴隆镇，百姓深受其害。剿匪部队进驻后，梁明德与张希尧决定先发动群众，侦察土匪行踪，再伺机而动。一天，群众报告说"北来"和黄金宝匪众正在大青川干饭锅一带活动。梁明德当机立断，与张希尧兵分两路，南北夹击，务求全歼"北来"。部队一连攻下7个山头，毙匪7人，击伤六七十人，俘获1人，但"北来"仗着熟悉地形逃脱了。击溃"北来"，兴隆镇群众兴高采烈，区上安排唱了7天皮影戏。之后，独立营又连续两次追剿"北来"，迫使"北来"投奔了珠河刘昨非，在五常小山子战斗中被东北民主联军歼灭。

第四次战斗驻军九连全歼黑龙宫一带土匪。

第五次战斗由驻军九连在兴隆镇西北，追剿"老二哥""四海""长胜""麻脸""密林"等200多人股匪，一直追了8天，追到宾县大于店，"密林"匪首吕相臣被迫投降。经过多次剿匪行动，县内土匪基本被击溃，武装围剿取得了阶段性胜利。

对这几次围剿中活捉到的罪大恶极的匪首和惯匪李有（伪特兼国特）、朱清平（建军师长）、李景义（特务、伪警尉）、"老来好"、"于八合"等，县政府都通过群众公审大会的形式，先后于6月和10月在县城北门外将他们处决。大刀会头目殷信礼、建军头子杨占春也分别在城东李家店和玉河区被处决。

（二）宽大降匪

在严打的同时，1946年5月中旬，县里按照哈尔滨市公安局局长周维斌的指示，在延寿县成立了宣抚办公室，印发布告、传单，在全县各处散发，警告土匪，只有缴枪投降才是唯一生路。与此同时，县政府、县公安局又组织了可靠人员为收降员，他们教育、启发土匪亲人入山劝说，组织父母找儿子、妻子找丈夫、亲戚找亲戚、朋友找朋友，使一些土匪迷途知返，弃恶从善。8

月，匪首孙景胜率48名土匪向县政府投降，并发表了自新书。9月，匪首吕相臣率匪47人，匪首谢文江、马守发、韩子阳率匪70人向政府投降，经过短期训练班训练，发放安业证和路费，回家参加生产劳动。到1946年12月末，向县政府缴枪投降的大股土匪6批，向区政府缴枪投降的土匪8批，还有零零散散的缴枪者，缴枪投降土匪共500多人，收缴武器有轻机枪5挺、步枪600多支、短枪30多支、子弹上万发。

（三）联合防匪

延寿县广大翻身农民，也积极行动起来，他们为了保卫自己的幸福生活，在剿匪斗争中也发挥了聪明才智，创造出很多捍卫翻身解放的好方法。一是生产联防。平安区丁广德生产组上山开荒带着武器，与杨展明、马长贵两个生产组相互配合，有匪集中进山围剿，无匪就地劳动；二是村屯联防。玉河区刘子凤民兵组有40多名民兵，与邻村民兵建立了联防制度，设有通讯组和秘密联络路线、联络信号。一有匪情，联合行动，土匪插翅难逃。中和区亮珠屯，男人下地劳动，女人站岗放哨，盘查路人。全屯妇女利用11天时间挖出宽8米、深1.5米、长205米的护屯壕，《东北日报》作过专题报道；三是生产与除奸结合。长寿区11名姑娘耕种16垧地，边种地边防匪除奸。有一天姑娘们在地里劳动时发现一个可疑人，及时报告给村农会，抓获后一审查，原来是个在逃的匪首。

从1946年4月开始，经过近一年的群众性武装剿匪，延寿县全境明的、暗的匪徒基本肃清。据不完全统计，共挖出大小匪首70名，其中师长2人（王兴武、朱清平）、旅长1人（杨贵）、团长5人、营长7人、连长4人。收缴轻机枪1挺、步枪516支、短枪61支、子弹近3万发、手榴弹190余枚。安定了人心，激发了民众，推动了各项工作的开展。

通过县委、县政府正确领导及探索实践，延寿县剿匪斗争积累了丰富的经验，得到了上级党委的重视和肯定。《东北日报》1946年9月26日发表文章《延寿县镇压与宽大并举，土匪纷纷投降》，对延寿县剿匪斗争作了详细报道。文章中说自开展剿匪斗争以来，县委在加强政治攻势的同时，采取军队围剿与发动群众相结合、镇压与宽大相结合的方针，使土匪纷纷缴械投降。全县缴枪自新者500余人，其中有轻机枪5挺、步枪600余支、短枪30余支，整个经验概括为"打、挤、杀、放"四个字。"打"就是军事上围剿；"挤"就是发动群众缩小土匪活动范围；"杀"就是罪大恶极的匪首公开审判判决，给予镇压；"放"就是对罪恶不大的，投降自新的土匪给予宽大处理。

（四）追剿残余顽匪

匪首杨贵，兵痞出身，曾在三十四团任上士多年。"八一五"光复后，投靠原警察署长兰金甲，伪装革命，投机参加朱殿超组织的民主政府治安大队，兰金甲为大队长，杨贵为副大队长。兰、杨二人暗中与吉林国民党特务联系，被吉林国民党先遣军司令部委任为"师长"和"旅长"，授命待机谋反。1945年12月20日，兰金甲同杨贵发动叛乱，将民主政府县长朱殿超、老干部刘志民、驶原野、张进关进监狱。1946年1月25日，三五九旅解放延寿后，兰金甲潜逃，杨贵率保安队残部入山为匪，活动于延寿、珠河一带。杨贵在五常县（今五常市）小山子与民主联军的战斗中被击溃。

1946年7月，在中共延寿县委领导下，大张旗鼓地开展挖匪根活动，翻身农民和地方武装组织同公安部门共同搜捕潜逃匪特，杨贵也在其列。但经过一年多的内查外调，不见杨贵的一点线索。

1947年8月，延寿县城关区群众李福，从宾县走亲戚带回来一个消息，说小山子战斗后杨贵一直藏在宾县一个叫刘万荣的家里。公安部门马上让李福再上宾县探听虚实，结果得知杨贵已转藏到帽儿山他的父亲家里。8月16日，城关工作队员赵景祥率民兵两人赶到帽儿山时又是一无所获，原来这里也在开展轰轰烈烈的挖匪根运动，杨贵如惊弓之鸟已于6月离开帽儿山。

杨贵又逃到哪去了呢？赵景祥同当地政府取得联系，共同传讯了杨贵的父亲，经过政治攻势和交代政策，终于供出了杨贵已到双城县安家寓堡其叔父家。于是赵景祥同两位民兵同志又星夜赶赴双城县安家寓堡，始知杨贵已改名杨守义，混入了双城区中队，不久区中队升主力被编在一师炮兵营一连一排当战士。此时部队已移防牡丹江市，于是赵景祥等三人又星夜奔赴牡丹江，找到了有关部队，在部队首长的协助下，于8月23日将杨贵逮捕归案，押回县城。不久在延寿县北门外将其处决，为人民除一大害。

国民党中央军转编第二师"师长"卢兆贵落网。卢兆贵，又名卢耀民。国民党建军骨干分子。原被东北保安第四军第九十五师"师长"王兴武委任为独立团团长，于1946年10月在民主联军追剿下被迫投降。但卢匪贼心不死，又潜回哈东进行活动。1947年3月，由苇河区群众在乌吉密抓获。区委会派民兵队长聂贵春同民兵押卢匪赴延寿找取他藏匿的枪支。不想这三个民兵当中有两个是卢匪的磕头弟兄。他们串通一气收买了聂贵春，鼓动聂贵春携带枪支同卢匪逃跑。他们先逃进玉河南山，潜藏在老道沟。狡猾残忍的卢匪恐怕聂贵春不可靠，竟用枪将聂贵春打死，只身一人藏在玉河区福兴屯其姐夫张代运家中。

张代运，"土改"开始时伪装积极，被推选为农会会员，1947年2月开始代理农会主任。从此张代运便利用这个公开身份为卢匪发展同伙，利用封建迷信拉拢威胁落后干部，而他自己也接受了中校副官的委任。仅在福兴、永安两屯就有张福合捐匪资 3 000 元钱，万洪太送枪给卢匪，还有富农万凤山给卢匪通风报信。1947 年 5 月，玉河区长李克异得到情报，卢匪隐藏在乌吉密西永安屯，他抽调区干部和区中队分兵两路去搜捕卢匪。但因山林稠密，又是树叶封门的时节，卢匪又一次钻进深山老林逃脱了。经搜查得到了国民党指使卢兆贵秘密建军信件一封，根据信件查出所藏物资及活动款项 20 余万元，并根据线索捕获同案眼线 13 人。经过审讯，罪犯李廷善、赵中阳供出触目惊心的行动计划：（1）卢匪曾派赵中阳去亚布力街里通过李贵春、赵洪城到驻军某排活动，会同亚布力工作队董某一并将该排拉出上山为匪；（2）另派一人到一面坡，策动延寿调到分区司令部一连当副排长的王福臣和付某共同拉出一排人哗变。李克异迅速将此情况通知了县委，县委同军分区取得了联系，共同采取相应措施，避免了事件的发生。

1947 年 6 月 23 日正是端午节，玉河区工作队召开了福兴屯、永安屯 500 多人的群众大会，公审了通匪、监匪 13 名罪犯，会上处决了张代运、张世宝、李廷善，宽大释放了坦白较好的其他人。这次大会彻底打击了反革命分子的气焰，卢匪在延寿失去生活的来源，同两个逃避"土改"斗争的地主分子隐匿在尚志县（今尚志市）北部山区一个古庙中。他们昼伏夜出，行动诡秘，有时还要饿肚子。时间一长，三人发生了矛盾，趁卢匪外出时，其他两人下山向尚志县（今尚志市）公安局自首并报告了卢匪行踪。7 月 29 日、30 日尚志公安局根据线索首先捕获了卢匪副官上尉贺桂臣、吴喜文、少校庞介臣。8 月 2 日终将卢匪抓获归案，并缴获自用枪一支、官方手章及伪造尚志县政府官印及文件草稿等。卢兆贵的捕获是哈东剿匪中继阿城击毙匪首左建堂后又一大胜利。

1945年6月15日，兴隆区兴隆镇捕获两名国民党派遣的投毒者：裴清山，17岁；刘建堂，25岁，山东乐陵县人。光复前被抓劳工，在东北鹤岗煤矿做苦工。"八一五"光复后，由鹤岗讨饭到哈尔滨，住道里五道街福海栈。1945年4月，该店作记账先生的李长华（国民党排长）用花言巧语说服裴、刘二人，想利用二人刺探民主联军情报，并进行投毒行为培训。4月16日开始行动，李长华交给裴、刘二人每人一尺半长、二寸宽白布袋一个，内有一个玻璃瓶，瓶内是淡绿色毒药。李长华向裴、刘交代说："碰到民主联军驻地将药粉洒进他们饮用的水井中，药死八路军是光荣的，他们死了就不打仗了。"李长华给裴、刘二人每人400元路费，令其出城，其路线是哈尔滨—蜚克图—张家油坊—延寿县城，并让裴、刘二人三个月到哈尔滨汇报一次。但他没想到解放区的人民到处是警惕的眼睛，裴、刘二人刚到兴隆镇（今青川乡）就引起了两个孩子的注意，报告了民兵。裴、刘二人被捕后，坦白交代全部过程。我公安机关会同哈尔滨有关部门很快破获了这伙国民党暗杀集团。

第五节　发动和依靠群众全面完成土地改革

一、县、区、村农工联合会成立

延寿县土地改革时期的农村基层政权叫"农工联合会"，各村、自然屯都成立，即"村农会""屯农会"。它是基层政权性质组织，"一切权利归农会"。领导农民打封建、斗地主、建立武装、消灭土匪、组织生产劳动、打破旧秩序、建立新制度。基层农会的分工是主任牵头下设组织、武装、公安、生产、文教等委员，这些基层干部都是通过群众选举产生的。当时选举的办法比较简单，由工作队找贫雇农酝酿候选人，在会上提名举手通过，稍复杂一点的请候选人坐在前面，在每个人背后桌上放一个碗，由贫雇农、中农向自己信任的人背后碗里投豆，豆多者当选。农会建立后，吸收了大量贫雇农参加，并积极领导贫雇农参加斗地主、斗封建的群众运动。到1946年12月，全县12个区、106个村中，已经建立起105个村农会，有村级干部847人，农会会员已达到31 101人。

在村农会建立的基础上，1946年10月，大部分区都召开了农工代表大会，产生了区农工联合会。到12月份，除寿山、长发两个区外，共建立10个区级农会。全县区级农会干部68人，都是由区农工代表大会选举产生的。

在各区农会全面建立的基础上，于1946年11月20日，召开了延寿县第一次农工代表大会，出席这次会议的代表共150人。这次大会的主要任务是：（1）讨论进一步挖匪根、挖穷根和反对地主反把斗争的问题；（2）扩建延寿独立团的问题；（3）整顿民兵、自卫队和儿童团组织；（4）建立与发展"武装山林生产队"，开展冬季生产；（5）选举"农工联合会"领导成员，成立县"农工联合会"；（6）通过会章及其他组织章程。

这次大会，经过与会代表的充分讨论，通过如下决定：（1）根据当前农村情况和存在问题，必须进一步深入斗争，挖净匪根，防止地主反把，挖净地主浮产；（2）决定成立一支"山林武装生产队"，由翻身农民徐甲泰率领进山，有匪剿匪，无匪生产，并要求各区组织类似的山林生产队；同时还决定，发动距城较近的农村妇女，参加纺织亚麻生产；（3）决定积极扩充人民军队，各区部建立一个连队，为扩建延寿独立团打基础。会上，从五常赶来参加会议的松江省主席冯仲云同志，将带来的山林生产工具亲手赠送给徐甲泰山林生产队。

会议选举产生了延寿县"农工联合会"领导成员，孙友兼为主任，张纯、关斌、吴登岭、郎占等人为委员。

二、贯彻"五四指示"进行"土改"试点

1946年5月4日，《中共中央关于土地问题的指示》（即"五四指示"），决定把减租减息政策改为没收地主土地，分配给农民的政策。县工委、县政府的领导对"五四指示"进行了认真的学习，全面领会精神。根据省委的统一部署，决定先行实行试点，取得经验，以便指导"土改"运动的全面开展。

1946年6月20日，由县工委副书记刘志民带领的工作队，在平安区四海屯、林家屯和隋兴屯，进行了土地改革的试点工作。工作队进驻平安区后，认真宣传贯彻中央关于土地问题的"五四指示"精神，建立了以贫雇农为主的积极分子队伍，摸清了地主、富农的政治、经济情况，发动群众向地主、富农开展了算剥削账斗争。平安区在延寿西南40里的山区中，民主政府的工作还没有顾及这里的时候，伪村长尚世有、特务营长魏国璋在"受命中央接收"的口号下，组织敌伪的残余势力，迫害着这里的八千人民。

1946年5月，尚世有组织大刀会，叫铁匠炉打扎枪，无论穷富，每家出90元买一杆扎枪，逼得很多人卖出家里仅有的粮食还不够。

打齐了扎枪，请来了法师，喝符念咒，装神弄鬼，于6月19日率队欢迎国民党中央军（土匪）殷福德所率胡匪60余人。匪队到平安后，联合大刀会在村周围绕行一周，以示威风。第二天（1946年6月20日），城里的民主联军来了一个连，互相一接火就把胡匪打死了七八个。胡子跑了，尚世有、魏国璋也不见了，

大刀会的其他人都来坦白交代，控诉胡匪的罪恶。民主联军说："好，分了他们家底，还了他们欠账。"紧接着开展起了"土改"清算运动。

"土改"清算运动由县委副书记刘志民带领的工作队负责，组织老百姓首先对存在克扣配给盐、大秤来小秤走、泼水等行为的盐店进行清算。召集了几十个穷苦出身有革命干劲的年轻小伙子，向他们交代政策，又研究了发动群众的方法，怎样开斗争大会，小伙子们就成了这次清算斗争的骨干。由他们领导开完了清算斗争大会，清算出一万多斤盐，分给群众。接着又清算斗争了地主程谷仓，清算出100多石粮食，全分给了穷人。县工作队看小伙子们劲头很足，送他们一面红旗，绣着"大胆敢干，必得胜利"八个大字。这一来他们情绪更高了，参加的人也越来越多，无论到哪里，都打着那面红旗，高兴地喊着："我们是红旗队。"红旗队到玉峰屯去斗争伪区长，区长跑到山里去了。红旗队也不要求区上的武装来保护，就扛着扎枪、铁锹一拥追到山里，清算斗争回来2辆大车、6匹马、6头牛、衣服、被子、粮食等，另有4杆洋炮也给拉回来了。

小伙子们想到一定把反动地主的枪缴来不可，于是召开大会号召"交出私有武器"。但也有人说："最好暗中派人去取，不然走漏风声，他们把枪弄走。"大家的意见是：谁家有枪，咱们都知道底细，谅他们不敢不交。果然20支枪都自动送来了。

就在连续斗争的同时，又开展了减租运动，到7月20日恰恰是清算斗争开展一个月的时间，已经清算斗争了十几家，全区取得清算粮食27石、钱款50万元（东北流通券）、马31匹、猪56头以及减租退租粮734石的成绩。

曾经为霸占一个女人，而把女人的丈夫和两个孩子都打死，带着女人逃往吉林省榆树县的恶霸王玉成，由农会派了6个青年农民到200多里地外的吉林榆树县把王玉成抓回来，公审枪毙。魏祥久是魏国璋的忠实走狗，无恶不作，曾无缘无故把张敬德弟弟的腿打断，因而致死。张敬德提出来报仇，七八个农会会员跑到珠河县（今尚志市）的元宝镇，把魏祥久抓回来。在公审会上，张敬德亲手把他枪毙，给弟弟报了仇。一个胡子叫张守全，在八家子用枪威胁着强奸了妇女，事后这个女人来农会报告，农会马上派出洋炮队把他抓回来，在大会上枪毙了。广大群众把肚子里的苦水吐出来了，心里大为畅快。

参加斗争的人们又想起了逃走的胡子，得想办法整治。先按政策号召他们缴枪，提出"缴枪只游街，捉住就杀"。真的在不久捉住了3个胡子。工作队同志说，捉住就杀不符合优待俘虏的政策。群众说：这次是杀一儆百，下次准保都缴枪。他们自己动手，杀了3个胡子。同时他们到胡子最多的一棵松去，叫胡子的亲属去送信，赶快缴枪。其他屯子对一棵松的人也非常不客气，只要看到他们一出屯子，到哪里都受到详细的盘查。看到他们的妻子都叫胡子老婆，看到他们的孩子就叫胡子崽子。这一闹也真奏效，几天以后，有38名胡子，倒背着枪投降了。缴枪就受优待，没吃的给救济粮，以后也分到土地。还有30来名胡子不缴枪，自卫队便一股劲打到了胡子窝，打死了9个，其余的都缴了枪。

他们听投降的胡子交代说大青岭的深山里有枪，自卫队扛起枪就去了。过了好几条没腰深的河，到山沟里又是没脖深的乱草，走了三四里路，找到一个山洞，在里面找到了5支钢枪、4杆洋炮。小黄玉屯原来只发2支枪，在山里找到了3支，又在一个树林里找到1支，在井里捞出1支，现在他们已经是有7支钢枪的自卫队了。

1946年8月初，开展了土地改革运动。先是收了胡子、地主的土地，尔后继续清算汉奸恶霸的地产。迫使地主主动把土地交出一部分来分给农民种。全区共清算3 000垧土地，分给将近6 000名无土地种的农民。

从1946年6月20日到9月10日，整整80天，平安区的人民自始至终都处在激烈的革命浪潮中，和压迫他们的汉奸恶霸作无情的斗争。广大人民从政治上、经济上获得了真正的翻身解放。

三、反奸清算减租减息

有了平安区的经验和"五四指示"的精神，延寿县制定了清算分地的总方针。基本政策是"使得雇农、贫农和中农结成巩固的同盟，照顾富农，分化地主阶级，集中力量打击大汉奸、恶霸、豪绅、大地主、土匪头子，他们是农村的封建堡垒，是国民党反动势力的残余，不打倒他们，农民永远得不到翻身"。但是又不能树敌过多，因为当时的时局决定我们还要保持和巩固反内战独裁的统一战线。

清算分地的做法是工作组下去之后先搞社会调查，发动群众，培养积极分子，确定斗争目标；然后开斗争会，灭掉反动势力威风，令被斗争对象交出剥削所得；建立贫雇农委员会，处理斗争果实；建立农会和自卫队。

1946年8月，开始按各地的实际情况进行分地。有的地方采取按劳力分地，即整劳力，妇女为半个劳力，几岁至十几岁的小孩算几分之几劳力。这种分地办法不仅麻烦，也不合理。如平安区大人分三亩，小孩分一亩，多数分的地不够种。8月中旬，省委书记张秀山来延寿检查工作，召开了各工作队会议听了分地情况汇报，并讨论了平安区先行分地试点的四海屯、林家屯、隋兴屯的报告。对干部作了思想动员，改变了按劳力分地的方法，改为按人分地。这种办法群众易于接受，计算方便，又公平合理，符合政策要求。这次会议对分地中的几个具体问题做了规定：（1）分青问题。确定为富佃还本、中佃协商、贫佃收契（按减租结合）的原则。（2）扣地问题。确定对有马有房的户，从分给他家的土地中，按马、房数扣回若干土地，每有一匹马扣地三亩或五亩。会后不久，县委同志即到加信区张油坊检查了分地的情况，发现有马有房扣地的方法侵犯中、富、佃农利益过甚。有的农会扣的中、富、佃不但分不到地，还得往外倒赔地。这个屯扣地规定：有两间房者不扣地，自第三间房算起，每间房扣五亩，从第三匹牲口算起，每匹也扣五亩。实践说明按房、按马扣地是不合理的，特别是中、富、佃农，一般都是人口较多，这样一扣，每人所得的土地则更少，已不够维持生活的需要，有的就得去租地或出雇工。

针对这个问题，1946年9月11日县委召开了扩大会议进行讨论。明确规定："有马有房不扣地。"对分青问题也确定了"四（新得地户）六（原佃）分青"，"三七分粮"的原则。平安区大部分都搞成"三（原佃）七（新得户）分青"，这样侵犯富、佃利益太大了。所幸的是发现得早，纠正得及时，没造成损害，使加信扣地、平安分青的问题都得到了纠正和补偿。

1946年年末，除安山区个别村屯外，全县共分土地49 800垧，有7万多人分到土地。被分被斗的汉奸、恶霸、土豪、劣绅、大地主有1 200多户，使这些反动阶级受到了沉重的打击。同时，土匪消灭了，人民群众有了安全感，共产党把饥寒交迫中的劳动人民拯救出来，为巩固根据地打下坚实的基础。共清算、斗争了地主、恶霸、匪首、伪官吏、建军头子1 349人，其中惩办250人，没收粮食3 289石、牲畜366头、猪479头、大车80台、房屋2 000多间及其他物资。

四、煮"夹生饭"与"砍挖"运动

（一）清洁队伍、纠正"夹生饭"现象及查黑地活动

清算分地是北满根据地创建时期重要的一步，由减租减息到平均土地的转变，撬动了中国封建统治坚固的墙基，砸碎了几千年地主阶级套在穷苦大众脖子上的枷锁，同时也为巩固根据地打下了坚实的基础。然而，这样大的变革难免会出现这样或那样的失误。在延寿县"夹生饭"的表现形式是部分干部思想觉悟不高，工作经验不足，有些地方群众没有被发动起来，群众还持怀疑态度。形式上搞土地改革，可土地并没有分到农民手中，地主、坏人混进农会，仍在威胁群众，暗地里进行各种破坏活动，甚至有的农会的领导权落在坏人手中……

如南关区坏人当道，群众寸步难行。农会组织留用了伪职员杨铭山作文书，这人品质很坏，当时群众斗争时，他表面愿意改过，因为其有文化故被同意留用下来。结果杨铭山勾结被斗争的地主、坏蛋、二流子，在南关区作威作福，胡作非为，该区被这一伙人夺权了。他在开会时向群众说："不管你的钱是一滴汗一滴血挣来的，你有就得斗，你有两件衣服，就得斗出一件穷人穿。"农民心中无底，吓得不敢抬头，地也不好好种。工作队冯泳滢用胜利果实组织了一个合作社，她调离南关区后回哈尔滨，责成县建设科负责领导。可杨铭山却勾结被斗地主朱殿一等坏蛋作爪牙，篡夺了合作社领导权。所以合作社的事业发展也受阻碍，外区要在合作社入股，他们就想方设法阻挠，谁要到外区入股就组织斗争，迫使南关区群众敢怒不敢言，他们贪污了很多胜利果实。类似事件全县很多，致使运动出现"夹生饭"现象。"夹生饭"也叫"半生不熟"。由于运动发展不平衡，各地情况不同，生熟程度、好坏程度也不一样。

中共中央东北局在1946年11月发出的在建立巩固的东北根据地中各地要认真纠正"夹生饭"的指示，说明党在土地改革斗争中已经注意到了这一问题。党的各级领导，如松江省委书记张秀山、延寿中心县委书记邹问轩等都在清算分地阶段多次做过调查研究，不断修正运动中出现的偏差。中共延寿县委于1947年8月19日下发《抓紧时间消灭"夹生饭"》的指示，即开展煮"夹生饭"运动。首先加强工作组力量，提高干部素质，教育群众提高阶级觉悟。其次整顿农会组织，纯洁干部队伍。再次就是进行挖穷根、挖底产、打击敌人反攻倒算。

能否煮熟"夹生饭"是搞好土地改革的关键。延寿县广大劳动人民在县委的领导下，把经济斗争同政治斗争结合起来，挖掉了封建堡垒根子，打断了地主腿子，改造了区、村政权，纯洁了贫雇农队伍，建立了群众武装，发展了党组织。

通过煮"夹生饭"运动，广大农民不仅在经济上，而且在政治上翻了身，分得了房屋土地，作了国家主人。以煮"夹生饭"推动春耕生产。1947年春天，延寿县广大翻身解放的农民，在县委、县政府的领导下掀起了春耕生产高潮。平安区丁广德、杨殿时带头组织了生产互助组，开创了农业生产互助合作先例，柳河区杨宝才积极生产，发家致富，对此县委及时进行宣传、表扬，推动了全县农业生产的发展，巩固了根据地。

（二）整顿农会开展"砍大树、挖底产"运动

全县区、村、屯农会普遍建立起来之后，部分地区由于工作不细致、不认真和不彻底，致使有些农会组织不稳、不齐，干部队伍不纯，不能维护贫下中农的利益，不能起到应有的作用。县委在1946年11月27日的干部会议上，决定整顿农会组织，清理坏人，纯洁干部队伍。

当时，少数村屯的大地主势力并没有垮台，有的组织假农

会，有的甚至包办、操纵农会的一切权力。寿山区福兴屯的张继武、平安区玉峰村的崔玉峰、柳河区永生村的王春德等地主分子，利用坏人混入农会，操纵了农会的权力。加信区太和村张天泰拉拢坏人，斗争了好干部徐万奎。安山区梁家屯地主分子把农会干部吴寿南险些给杀了。有的农会钻进了坏人，掌握了农会的大权，破坏了运动的开展。中和区山河村，6个农会干部都是劣绅和坏人。富农王五爷当了农会主任，保安胡子董宪文当了武装委员，小偷庞勇当了公安委员，通匪的伪排长张凤山当了生产委员，只有组织委员是基本群众，但老实没有能力，说了不算，成了这些人的"当差"的。一次王五爷召集大家开诉苦会，农民王德说："农会摊派太多"，就被当场捆起来进行斗争，并罚75张纸、5斤豆油、1个桌子、2个凳子，作为农会办公用品。

县委为整顿农会组织，纯洁干部队伍，制定了以下原则：

（1）村屯政权由农会代替，待群众工作巩固以后再说；

（2）区可早设政府，但伪满人员一个不要；

（3）农会干部要强调历史和成分；

（4）县政府中伪满人员一个不要；

（5）对新干部的选择，不能只看办事特别有办法、有能力，更主要是看成分、历史和本人的品质，能力不强可以慢慢培养。

在整顿方法上，要多做细致的思想工作，认真对待不同干部的不同问题。总的原则是：进行坦白，思想上要坚持好的抛弃坏的。对待好干部要鼓励其放手大胆工作，解决遇到的工作困难，多看优点，先估成绩，修正错误，自己动手，领导生产，建立威信。对待个别干部存在的问题要分清性质，分清内外，分清轻重，如果是品质问题，农会内部处理，帮助进步。如果是狗腿子、内奸，先内部解决，后交群众斗争。对伪满的职员和教员，其政治上复杂者，不采用群众斗争，要从思想、政治、组织等方面从根本上解决问题。通过对基层组织的整顿，存在问题的干部通过坦白交代、群众揭发检举，清洗了混进农会的"两面人"、狗腿子、伪官吏、地主分子、土匪、资匪和贪污分子273人。把那些成分好、作风正派和在运动中斗争积极的人选了进来，贫苦农民的优势真正地树立起来，农村面貌焕然一新。

1946年11月4日县委扩大会议决定，将"挖坏根"这一口号，当作这一阶段总的群众运动的斗争口号。县委提出：在边沿地区除"挖坏根"外，仍然重点"挖匪根"。挖匪根的中心不能放在追赃上，主要是追枪、追组织，放手发动群众，对匪首要算账、复仇，在中心地区要把反把斗争和地主复辟作为重点。

这一任务的提出，使县委发现了农村仍然存在着土匪残余、敌伪残余、假农会、坏干部和黑地黑枪等问题。而这些问题的集中表现都与地主封建势力密切相关，从而引起了农村新一轮的斗争。降匪情况和组织系统未彻底分清楚，如降匪在交武器上是：交坏不交好，交长枪不交短枪，交长短枪不交机枪，交枪不交子弹，人投降不交枪。这些降匪在农村还没彻底向人民群众低头认罪，社会基础还没有瓦解，还和那些知匪、通匪和不老实的地富、坏人互相勾结，破坏农村正在开展的运动。

被斗争的对象还在积极活动，进行新的反把倒算。其方式有明有暗，有软有硬，而暗的软的较多，花招达五六十种。明的硬的有：说大话吓唬人；子弟参军回家勾结部队的坏人借机找碴儿，进行报复；扩大干部的错误，向上级打小报告；利用关里人与关外人、外地人与本地人、新户与老户、朝鲜族与汉族之间的矛盾挑拨离间；一些投机分子对干部歌功颂德，搞分裂活动，拉拢富农，争取落后群众，篡夺领导权。暗的软的有认干亲、拜把子、溜须奉承、送礼借钱；赠送车马使用；记小账，藏地照；造谣中央军要来了，借以威胁群众；传统观念，散布共产党八路军的坏影响；小恩小惠，笼络人心；假坦白，假积极，假装革命；自己或派狗腿子混入农会，取得地位，暗收地租；收买贿赂，用美人计腐蚀干部，拉干部下水；夸大干部毛病，挑起群众不满；组织迷信团体，搞迷信活动；藏枪、通匪、暗杀，找中央军去当国特，等等。这些都是新的斗争表现，影响了运动的开展。

降匪的社会关系还没有完全瓦解。其表现为：（1）上饷押界的（资匪地主）；（2）拉大草的（为匪带路）；（3）走头的（为匪代卖赃物的）；（4）底漏的（内线）；（5）花舌子（说票）；（6）查线的（联络通信）；（7）插签的（侦察告密）；（8）吃枪股的（有枪者出枪，别人去当土匪，但要分赃物）；（9）大活人（说客）；（10）窝主（藏枪、票匪）等10种。上述就是进行"挖匪根、挖坏根"的主要原因。

干部本身也存在不少问题，如不很好解决，就无法开展对地富反坏分子的反把斗争。诸如：运动开展不够深入，领导上缺乏经验；个别工作人员思想上和工作作风上存在缺点；工作粗枝大叶，没有很细致地把工作做上去。因而在群众中，特别是在积极分子中存在不少麻痹思想，影响了运动的开展。

干部和积极分子在思想方面的问题有：与亲戚关系；家里有人扯后腿；低头不见抬头见，前后屯住着，不是近亲就是近邻；相信地主伪装的可怜相；自扫门前雪，怕管闲事惹是非；怕得罪人，怕出头椽子先烂；"君子不记前仇"；分到一点物资就满足了，贪小便宜；被地主收买了等。

干部和积极分子在政治方面的问题有：看不出将来的危险，认为"旗倒兵散"；斗倒地主就没有事了，轻信地主的话；怕地主还有势力，开始就没有认真地斗争；地主子弟参军了，就认为地主也变成八路军和民主政府的人了；怕地主家还有枪，将来报复；怕地主和胡子有关系进行暗害；怕中央军以后再来，想给自己留点后路，等等。

干部和积极分子在斗争经验方面的问题有：积极分子老实，工作没有方法，没有能力把大家发动起来一齐参加斗争；部分干部、积极分子被地主献地、献物假积极蒙住了；认为地主能说会道，参加了农会，当了干部；地主的腿子混进了农会；干部、积极分子水平低，不能识别地主的鬼花招；积极分子嘴不紧、耳不硬，经常上当；地主来硬的把干部、积极分子吓住了，等等。

这些情况，都说明当时的群众工作还在半生不熟的状态，农村的问题还是很多的。

1946年12月13日，松江省委会议以后，接受了北安省"查地"的口号，延寿县委提出了一个"查地挖坏根，打倒封建堡垒"的口号。为挖坏根、挖匪根，打击敌人的反把倒算，县委提出以下几项原则：

（1）封建堡垒是否垮台，依以下四条标准衡量：①封建堡垒头子要被斗倒，完全向群众低头认罪；②追浮产，剥夺地主经济上的优势；③打垮狗腿子，使其内部瓦解，然后予以争取，并加强群众性监督；④建立起革命堡垒农会。

（2）在群众对匪首、汉奸、特务和恶霸等复仇运动中，难免要杀一些人，在总的杀人上确定以下几条：①本人罪大恶极，为群众极端痛恨者；②将来可能对人民有重大危害者；③能起震慑作用者。

符合以上条件的罪犯，开始是由区工委或工作队组长以上联席会讨论决定即可，之后改为由县委批准或者由群众自己处理。

延寿县将"挖匪根"与"挖坏根"结合进行，收到了很好的效果，有力地打击了阶级敌人的反把倒算。自县委在1946年10月

21日扩大会议上介绍了新区的工作经验后，提出"挖匪根"的口号推广到全县各区。广大群众提出"匪根挖不光，生产心不安；坏根挖不净，穷人就没命"的口号。因此，各区广大群众纷纷检举揭发隐藏的或在逃的土匪和坏人。从宾县、方正、珠河、苇河等地，先后捕获匪首14人，缴获手枪11支、大枪28支、手榴弹965枚、马3匹及其他赃物。延寿县在平分土地之前，开展了一次全县性的"砍大树、挖底产，向封建势力进攻"的"七七砍挖"运动。

这次运动是从1947年7月初开始的，7月中旬是运动的高潮阶段，8月份运动向深广发展，进入9月份全县基本转入处理善后工作。

为开展这一运动，县委在1947年7月初，训练了300多名干部和积极分子，并抽调了一批县立第三中学学生，连同部队中的指战员，在全县范围内开展了延寿县历史上有名的"七七砍挖"运动。

这次运动像暴风雨一样，很快地席卷了全县。全县400多村屯，6万多农民联合起来，向农村封建势力进军。运动最高潮时持续了一个月，一扫过去几千年农村不合理现象。

在这次运动中，全县斗争了地主1 250户、富户320户。其中，被挖底产的地主900户、富农270户；净身出户的地主380户，挖光财产的450户。在"砍挖"中，杀了罪大恶极的地主及各类坏人90人。这次"砍大树、挖底产"运动在经济上收获也是巨大的。挖出黄金（包括首饰）144两、白银3.55斤，单夹棉皮服71 000件、被褥14 735床、布匹13万尺、粮食2 800多石、牲畜3 725匹（头）、猪3 013口、车504辆、蜜蜂1 611箱、蜂蜜25 800斤、食盐6 000斤、豆油8 890斤、煤油4 105斤，收缴现款4 500万元（东北流通券），没收土地12 947坰、房子3 435间、长短枪77

支、各种子弹4 940发。

这次运动从政治上、经济上给予农村封建势力以彻底的打击。所以运动是健康的，成绩是主要的，但也出现了一些问题。如斗争对象一般的都得到了经济处理，没有经济处理也受到了教育，叫作"政治斗争"。大部分小地主都抄了家，挖了底产，还斗争了60户既没有封建性又无敌伪性的中农。对此，县委认为：这种轻重不分、逢斗必打、有产必抄，势必树敌过多，不能团结大多数，特别是不利于团结中农。因而县委决定，对不应动经济的而动了经济的，应从斗争果实中予以补偿。

县委对有关政策问题又作了具体规定：

（1）胡子头和一般胡子、惯匪和偶然为匪、上山的保安队和不上山的保安队、潜伏的与投降的、真投降与假投降的要有所区别；

（2）对于通匪犯，罪大的人与一般的，我军解放时期与胡匪占领时期要有区别；

（3）对于伪满职员，掌握政策的与从属的、特别坏的与一般平常的、时间长和时间短的要有区别；

（4）对于国民党特务、建军分子，主要的和一般的、建军分子与非建军分子、有反动活动和没有反动活动的、特务与非特务、潜伏的和坦白的、真坦白和假坦白的要有所区别；

（5）对于封建迷信团体，头子和群众要有所区别；

（6）对于杀人问题，县委认为杀人有镇压意义，镇压本身又有争取意义。因此，重申了以前规定的杀人三个条件，批判"杀人除害"的单纯观点；

（7）对于打人问题，县委认为，运动初期打人是群众的义愤，是一种革命的表现，能起一定的镇压作用。但发展到后期过大堂，普遍打人已成了一种现象，把打人看作是斗政治，这实际是个人复仇主义，形成乱打，这就偏离了斗争的方向。

这些政策的规定，对后期运动的发展起到了积极作用。

（三）"大扫荡"助推"砍挖"运动

大扫荡（也叫扫堂子）是"七七砍挖"运动的继续和深入发展。在以前的挖坏根、挖匪根，反奸除霸以及"砍挖"运动中，虽然对敌伪势力、农村封建堡垒给予了有力的打击，但还不够彻底。根据外地经验，于1947年12月，全县又开展了一次打开村屯界限的、规模更大的、群众性的大扫荡。彻底摧毁了封建势力，这是对封建势力的最后一战。

平安区平安、新华两村，全面展开向地主、富农进攻，扫荡大队真威风，吓得地主胆战心惊。仅三两天抓起地主、富农60余名，挖出东西堆成山，垛成垛。贫雇农加强团结，不分村屯界限，反复进行游动大扫堂子，吓得地主无处躲藏，地主分子王恩久哥四个开小会合计："咱都有啥快交出来吧，都到这时候了，再也保不住了。"早晨，哥四个把所藏的东西，全向农会交出来了，并写了一个清单，说明什么东西有多少。将一麻袋东西、一些零碎物品送到群众面前。群众看见地主还有余地，更加积极参加大扫荡，连夜进行扫荡，吓得地主富农纷纷献物，向贫雇农低头认罪，接受专政。

全县参加大扫荡的群众有75 000多人，声势浩大，轰轰烈烈，成群结队，扛着红旗，武装干部背着钢枪，民兵、自卫队有的背着步枪，有的扛着扎枪，儿童团也背着小木枪和小扎枪，多年不出门的妇女们也都出动了。近的地方就徒步走着去，远的村屯就坐马爬犁，夜以继日地进行扫荡。全县400多个村屯，普遍行动起来了。将地富坏分子扫得无处藏身，都服服帖帖地接受群众的专政。前伙刚扫过，后帮又重复扫荡。有的地主分子家被一扫而空，有的大地主被扫出地主庄园，贫雇农住进了大院或作了农会的办公室，地主住进了贫雇农的破房子。真是地主威风扫地，群众扬眉吐气。经过这场大扫荡运动，地主在政治上彻底垮台了，社会地位孤立了，地主财产彻底挖光，贫雇农已经成为统治阶级，管理农村的一切。

大扫荡在经济上接收和征收地主、富农土地12 739垧、房屋大约8 000间、牲畜2 000头、猪400口、黄金1斤、白银百斤、衣服3.5万件、被褥1万床、布匹9 000尺、粮食4 000石、大车500台、农具5 500件、豆油500斤、煤油1 000斤、食盐2 000斤、蜜蜂100箱、蜂蜜20 000斤、现金1 500万元（东北流通券）。扫荡中斗争地富分子2 472人，惩处423人。斗争中不同程度地出现了"左"的倾向，但在经济上也取得了一定的成绩。

"砍挖"运动在政治和经济上彻底砍倒了封建大树，挖净了地主的底产，巩固了清算分地成果，给封建势力以沉重打击，是深入土地改革的重要步骤，为平分土地打下了基础。

五、划阶级、定成分，全面完成土地改革工作

（一）贯彻《中国土地法大纲》平分土地

1947年11月末，中共延寿县委扩大会议传达中共中央《中国土地法大纲》。《中国土地法大纲》为巩固东北根据地建设提供了切实可行的措施，是广大劳动人民实现"耕者有其田"的根本保证。延寿当时正处在"大扫荡"运动中，为了制止狂热的斗争浪潮发展，将工作重心转到平分土地上来，县委召开了各区工作人员、村屯干部、积极分子和省立三中部分学生共600多人参加的大会，学习了《中国土地法大纲》和有关文件，会后这些"土改"的骨干力量分赴各区，先搞了试点。12月中旬，县委召开了区委书记联席会，总结了试点经验。12月下旬，全县进入平分土地高潮阶段。到1948年1月胜利结束了土地改革运动。

通过实践，县委肯定了各区在平分土地中采取的四种措施：（1）按户编号，按号排地；（2）人地都评等级，按等级分地；（3）人地评等级，二等地不动，二、三等地搭配分；（4）人划阶级，地评好坏，贫雇农为主，讨论平分。对于分配胜利果实，县委也尊重群众的两种作法：一是比家底，填穷补缺；二是评家底，按三等九级分配。

划阶级、定成分是平分土地和斗争果实的主要依据。为此全县在平分土地中都普遍进行了划阶级、定成分工作，这是进行"土改"过程中的一项重要工作，同时也是一项政策性很强的工作。

在延寿县，县委没有强求一个模式，指出"一定要和贫雇农商量，大胆放手让群众自己来分"。果然，群众根据政策的规定，创造出多种切实可行的分地方法，采取农民易懂的办法进行划阶级、定成分工作。例如，在新立区按照村屯生熟情况划阶级，采取了两种办法，效果很好。在工作比较成熟的联合村，首先召开贫雇农小组会、酝酿好，然后在大会中提出几种不同的成分来，每种讨论两三个人，互相比家庭、比历史、比出身，将找好成分的人分开站好，这时其他人认为自己是什么成分，便站到已划好成分的人一起，然后大家审查、评议。该村在群众站队时，发现佃富农、佃中农往贫雇农里站，被群众撵了出来，这是站队法。这样做，不仅划得快，而且很少出错。在半生半熟的新立村各屯，采取的办法是干部带头法。首先是和村屯干部、积极分子说明划阶级的标准和各种成分的具体条件，然后在开大会中找出几户来，叫大家讨论研究，定出每户的成分，作出典型的例子，这样使大家有了标准。在分组讨论时，干部和积极分子带头先划自己，在群众分组会上评议，群众跟着划自己，在群众分组会上评议。用这个方法查出伪装贫雇农的地主5户、经营地主

2户、小地主7户、富农2户。这样比较慢，但基本群众在定成分中能抬起头来。总之，不论采取哪种方法，都必须让群众自己动手，这样才能形成运动。过去这些地主、富农漏、错划的原因是在具体工作中自上而下只是作表面宣传，没有深入地查其历史和剥削程度。

兴隆区北宁村广大群众，在划阶级、定成分中采取的是"挖糊涂、算细账"的方法，即挖贫雇农的糊涂思想、算地主的细账。用这个方法提高了群众的思想觉悟，分清了界限，查出了错划为富裕中农的地主、富农7户。他们不服同贫雇农算账。贫雇农都争着发言反驳，有的说："我给你扛过大活。"有的说："我给你种过几年地，年成不好，两垧地要3石租子，少了你4升，给你4升粉苞米你都不要。"一个姓张的贫佃农说："我们种了你一年地，赔了一匹马和半个姑娘（因为那年收成不好，交不起租，后来没办法把姑娘卖了，拿出一半钱交了租子）。"当场就形成了对地富的激烈斗争。当晚一齐动手封了这几户地主、富农的家，对地主、富农分子连夜审讯、算剥削账。结果有的算出300石粮，有的算出800石粮。

但是，在划阶级、定成分中也出现过偏差，一部分区、村出现了侵犯中农利益的现象。据1948年3月统计，全县大约侵犯中农370户。其原因是：（1）划阶级界限不清，将中农错划为富农；（2）对以贫农为主、团结中农的政策认识不够，贯彻不好；（3）单纯满足贫雇农的要求，不惜侵犯中农的利益；（4）拉平线搞平均主义和掐尖思想严重。在"砍挖"中，全县被没收、斗争和清算的工商业169家，其中47家在敌伪工商业中是股东，有122家属纯工商业户，被侵犯了个人利益。对中农、纯工商业户的利益的侵犯，县委提出四种纠正方法：一是在经济上给予可能的补偿；二是政治赔礼道歉；三是吸收中农入会；四是成分错划的要纠正，进行复查、重划。重划后地主减少300户，富农减少59户，中农增加424户，而贫农则减少54户。

斗争果实的分配方法。首先，由贫雇农选出公正的评议委员会，然后先行补缺，最后一人一份，由评委会评议，衣物不作价，分出好坏，搭配分配。全县有10多万人参加平分土地，共分了6万多垧土地，平均每人分到0.6垧，最多达0.8垧，最少也有0.5垧。

（二）划阶级、定成分，确立生产关系

延寿县划分农民阶级成分，早在1946年土地改革初期就开始了。

当时是根据1933年瑞金民主中央政府关于《怎么分析农村阶级》的有关规定进行的，对当时开展农村工作、特别是反奸除霸、分配土地起到积极作用。但是在划分阶级成分过程中，也出现了一些错误和偏差。1948年4月，中共松江省委对在农村中划分阶级成分问题向各县进行解释和说明。确定划分阶级的标准，主要依据对生产资料（土地、耕畜、农具、房屋）的占有情况、使用情况和由此产生的剥削与被剥削关系，生活情况只作为划分阶级的参考，政治条件不列为划分阶级的标准。划阶级定成分一般采取以下方法：一是利用各种会议，解释划分阶级的标准和方法，使农民懂得如何分析阶级；二是阶级成分的确定采取自报公议三榜定案的方法，即先由本人提出自己家庭的阶级成分，经贫雇农大会讨论通过，再经农会全体会议讨论后，经本村村民大会逐一讨论通过，最后经上级政府审查批准，作为定案。在公议中，农民本人有充分发表意见的权利，对评定阶级有意见者，有权向各级政府写信申诉。延寿县委按照省委指示精神，对划分阶级成分中出现的错误和偏差，进行纠正。

平安区在重新划分阶级成分时，为了便于群众正确掌握界

限，将划成分的政策编成顺口溜：

扛活耪地做日工　啥也没有是雇农
房地有点不够用　还得卖工是贫农
租地很少自己种　吃穿不足佃贫农
有房有地不雇工　年吃年用是中农
租地耕种不雇工　有畜有俱佃中农
有房有地雇短工　生活宽裕富中农
干活不多雇长工　租地有畜佃中农
清闲享福吃地租　专靠剥削是地主
租地雇工不劳动　剥削为生二地东

县委将顺口溜印刷成册发到全县，供全县各区、村在重新划成分时学习参照。各区在进行复查、重划成分中都做了细致的思想工作，召开各种会议，宣传贯彻省委的新规定。各区还分别召开了被错划成分户会议，讲清了党的阶级政策、重划成分、纠正错误的意义，使被错划成分户感到自己被斗争、被侵害是工作的失误，是党的政策所不允许的。这样一来，消除了被侵犯的中农的怨气，主动向贫雇农靠拢，贫雇农也主动团结他们，给他们摘掉了错划的"地主""富农"帽子，有的被吸收为农会会员。

土地改革经过了几个阶段，特别是平分土地、重新划分阶级成分的进行，使广大农民的阶级觉悟得到极大提高，生产积极性得到极大调动。获得土地的农民真心拥护共产党，坚决维护新政权，自觉自愿地投身到伟大的解放战争之中，满腔热忱地参加生产、支援前线、参军参战。延寿县的土地改革和划阶级定成分是在中国共产党领导下，按照中央"五四指示"和《中国土地法大纲》进行的。从1946年3月开始，于1948年3月末结束。这是一次解放以后规模最大、范围最广的群众运动，这个运动席卷全县城乡，取得了伟大的胜利。

　　土地改革的完成，进一步确立了解放区的生产关系，彻底摧毁了城乡几千年来的封建统治势力，粉碎了套在农民脖子上的封建桎梏，废除了封建的土地制度，特别是摧毁了农村敌伪、封建残余势力和封建经济基础。建立了"耕者有其田"的土地制度，使全县10万无地或少地的人民群众，分得了6万余垧土地，并分得了一部分农具、耕畜、粮食及其他浮产。从此，延寿县农民在政治上、经济上彻底翻身，主宰了自己的命运，成了国家的主人。这是一个翻天覆地的变化。

　　土地改革的完成，激发了劳动人民的爱国热情。延寿人民责无旁贷地肩负起支援解放全国的重任。到1948年，全县共有5 012人参军；同时，全县还派出大批民工、担架队，支援前线。到1948年冬，全县出战勤6次，其中担架865副、5 359人，大车450台、912人。还有粮食40 000石和大批干菜及其他支前物资。

　　土地改革的完成，激发了农民爱党热情。他们认识到只有中国共产党才能救中国，没有中国共产党领导的人民军队在前线的胜利，就不能有土地改革的胜利，广大贫苦农民就不能获得翻身解放，当家作主。翻身农民对共产党的热爱在支援解放战争中焕发出极大热情，革命积极性空前高涨。1947年12月的一次战勤动员，全县有12个区干部报名，平安区粉房屯应出12名担架队员，结果有40人报名。松江省政府要求延寿县在10日内组成民工大队，包括1个大车中队，5个民工中队（其中有21个小队）开赴辽西战场。

　　土地改革的完成，培养和锻炼了一批人才。这些人在剿匪建政、土地改革中一直是积极分子、骨干力量。他们接受了党的考验，分期分批地加入了中国共产党。到1949年7月公开建党时，延寿县已有中国共产党党员220余人，共有11个基层党支部。发展壮大党组织，巩固了各级民主政权，增强了群众对共产党的了解、信任。群众相信党的力量，自觉跟党走，恢复和发展生产，积极开展生产自救，促进了农村经济发展，加强了农村政权建设。

第六节　松江省委省政府迁驻延寿

一、松江省委省政府迁驻延寿的前提和条件

在中国共产党的历史上，中共松江省委1945年11月16日—1946年4月28日称中共松江省工委。1946年4月28日—1954年6月改称中共松江省委。1945年12月28日，毛泽东在《建立巩固的东北根据地》中指出："我党现时在东北的任务是建立根据地，是在东满、北满、西满建立巩固的军事政治的根据地。建立这种根据地，不是轻而易举的事，必须经过艰苦奋斗。建立这种根据地的时间需要三四年。但是在一九四六年一年内，必须完成初步的可靠的创建工作。否则，我们就有可能站不住脚。""建立这种根据地的地区，现在应当确定不是在国民党占领的大城市和交通干线的附近地区内。而是距离国民党占领中心较远的城市和广大乡村。"并强调："目前，应当确定这种地区，以便部署力量，引导全党向此目标前进。"

中共北满分局、松江省委是创建巩固根据地的领导机关，是指挥部，按照党中央指示，"确定这种地区"当然要经过调查研究后而确定的。延寿地处哈尔滨市东南，是北满的中心。其一，延寿县是山区小县，远离"交通干线附近地区内"，但地理位置重要，军事上易守难攻，四面进出自由，回旋余地较大；其二，延寿物产丰富，生产、生活所需足以自给自足；其三，抗日战争时期，延寿是东北抗日游击区核心地区，党组织工作活跃，群众

基础好；其四，也是最重要的一点，自1946年1月25日延寿解放后，全县广大干部群众在县委书记邹问轩、县长梁明德（原名项廷椿，又名项与年）的带领下，进行土地改革和剿匪斗争，经过近一年的艰苦努力，延寿发生了翻天覆地的变化，政权稳固，人民安居。当国民党军队企图攻占松江省会所在地哈尔滨市时，松江省委、省政府决定将部分机关先后迁到延寿。

二、陈云为松江省委迁出哈尔滨选址

1945年11月下旬到延寿开展工作的刘志民、驶原野、张进同志在困难、危险、复杂形势面前，显示了英勇、顽强、机智的共产党人革命精神，三位共产党人手无寸铁，唯有坚定的信念。他们团结朱殿超，到群众中去宣传我党建立北满根据地的意义，和人民大众交朋友，在治安大队中发现培养思想积极进步人士，石宝琦就是其中一个，他在关键时候做出很大贡献。

石宝琦为人正直，为了生活选择了以警察为业，但他不仗势欺人，还告诉身边同事要善待穷苦百姓。为此，他从警多年，至日本投降时，他还是个警察。但他人缘很好，城里各界人士有事经常找他帮忙。这一切都看在刘志民、驶原野和张进的眼里，经过研究，他们决定接近这个警察，主动和他交朋友，而石宝琦也看到这三个关内干部的大无畏精神，深深被他们为解放穷苦百姓来到延寿建立新政权的行动所感动。他从这三位平易近人的关内干部那里了解了时局和革命道理，看到了革命书籍，知道了共产党领导人民要推倒穷人头上的"三座大山"。他向三个共产党干部表示了"有事找他""要帮忙找他"的靠近党组织的决心。

1945年11月末至12月初，平山、珠河、苇河、通河被中央胡子占领，国民党接收政权，延寿国民党党部杜莱峰、车树生、侯凤歧等人向兰金甲和反动分子大发委任状，阴谋闹事。刘志民等同志见局势紧张，向哈东地委、军区写了报告，送此重要文件的重任即落在石宝琦身上。石宝琦利用治安大队成员的身份及时把报告送到时任哈东地委书记陈达和军区司令员温玉成手中。

延寿县局势的报告不是松江省的特殊情况，整个哈东地区的局势已干扰了北满根据地的创建工作。北满分局书记陈云命令哈东军分区主力迅速开展剿匪。1945年12月6日，高岗、陈云《关于立即作全满布置配备基干部队到各战区创建北满根据地的问题》在给东北局电报中提出"争取便于运动部队并迅速大规模创造北满根据地起见，盼望东北局再速调五个团的主力"。

延寿县历史和地理位置，陈云早就清楚，认为符合党中央提出的创建北满根据地的基本条件。延寿匪患不除，根据地建设无从谈起。延寿局势牵动着北满分局、松江省工委领导，遂决定"1946年初步的可靠的根据地"创建工作要在延寿开展，以此指导全北满根据地的建设。1946年4月，李立三奉陈云指示到延寿视察创建北满根据地进展情况，为松江省委的迁驻作准备。

三、松江省人民政府成立

国民党接收大员到北满首先声称国民党政权确立，建立了国民党反动统治。但这种政权有名无实，不受广大人民群众拥护。在这种情况下，中共中央东北局号召我党建立巩固地方各级民主政权，为此，松江省各县在1946年2月至3月间先后召开县人民代表大会或县临时"参议会"，选举产生民主政府县长和出席省人民代表大会代表。延寿县临时"参议会"于4月初召开，梁明德当选为县长，刘麟钟为县副参议长，并代表延寿县出席在宾县召开的松江省人民代表大会。1946年5月5日，松江省召开全省人民代表大会，宣布省政府成立。

四、松江省委迁驻延寿

我军在四平战略撤退之后，国民党反动派被眼前形势冲昏头脑，错误地认为东北唾手可得，就用大部分兵力占据铁路沿线各大城市，并企图攻占哈尔滨。一时间战争烟云甚嚣尘上。5月下旬，中共中央东北局撤出长春迁到哈尔滨，又增加了国民党兵临北满的紧张感，岂不知，这正是党中央的"让开大路，占领两厢"的英明决策，整个局势是分散了敌人兵力，集中了我们的力量。

1946年5月26日，中共中央东北局向中央建议北满分局撤销，陈云调任东满分局书记，中共松江省委由东北局领导，创建北满根据地工作由中共松江省委直接完成，此时国民党军队已抵松花江南岸，战争形势异常严峻。

中共松江省工委在东北局领导下，充分听取了陈云同志关于松江省委移驻延寿县的意见后，作出了如下决议：

（1）中共松江省工委改为中共松江省委，省委下属地、县工委一律改为地委、县委；

（2）中共松江省委机关决定驻哈尔滨市，但鉴于目前战争一触即发，经党中央同意，决定放弃哈尔滨，把领导创建根据地的重心转移到延寿。

1946年6月，松江省委迁驻延寿。6月26日，中共松江省委在延寿召开第一次会议，讨论省委领导分工和地委领导名单，会议决定：（1）省、地委均不设常委会，决定邹问轩不再任秘书长职务；（2）设延寿中心县委辖方正、通河两县，划归省委直辖，邹问轩任中心县委书记，延寿县成立独立团，县委书记邹问轩任政委，周正任团长；（3）延寿县委、县政府移驻六团袁家屯（时称山河，此决定后来未执行）。

1947年2月，东北局为了加强松江省委领导力量，决定设省常委会，随着我军"三下江南、四保临江"的胜利，战争形势开始向有利我党我军的方向发展，中共松江省委迁驻延寿的机关迁回哈尔滨。

五、松江省政府迁驻延寿

松江省政府自成立以来，一直驻哈尔滨，领导全省人民创建和巩固北满根据地。省主席冯仲云的足迹遍及省内各县，其主要工作是发动群众，巩固人民政权，领导生产，动员青年参军参战，支援前线，反奸清算，分敌伪逆产，组织民兵协助剿匪等。到10月份，国民党军队兵驻吉林德惠，战争已逼近哈尔滨，北满地区有可能成为同国民党军队作战的战场。11月省委决定省政府也迁到延寿，把延寿建立成对敌斗争战略基地，集中力量落实党中央建立巩固北满根据地的各项指示，支援主力部队与国民党军队作战。1947年4月19日，随着战争形势好转，省政府机关迁回哈尔滨。

附：原松江省主席冯仲云同志书信

原松江省主席冯仲云同志为松江省委、省政府迁驻延寿县，特派省政府机关干部贺世昌同志带冯仲云主席亲笔信来延寿。此信原文如下：

邹问轩、梁明德同志：

兹介绍本省贺世昌同志前往你处看房子，省政府准备于本月19至20号即搬去至，希接洽。并请帮助将房子理整好，以便移去时不至于无头绪，暂时搬去的是民政厅、建设厅、秘书处。至于教育厅及财政厅、粮食局还需待一时间再搬，同时还有部分职员家属遂职员前去，亦请预为准备房舍，至于需要数目，请与来人接洽是荷。

　　此致
　　　敬礼

　　　　　　　　　　　　冯仲云　启十一月十六日

　　注：
　　1.该信件书写于1946年11月16日。
　　2.邹问轩同志时任延寿县委书记，梁明德同志时任延寿县县长。

第四章　延寿在社会主义革命和建设时期取得的成就

新中国成立后，勤劳勇敢的11万延寿人民，在中国共产党领下翻身作了主人，以崭新的精神面貌积极参加到巩固加强人民民主政权的建设中。建立了人民代表大会制度，全县人民民主建政工作逐步走向正轨；开展生产运动，为恢复经济，保证民生奠定了基础；全县掀起"抗美援朝保家卫国"运动，以高度的爱国主义和国际主义精神，支援抗美援朝战争。在全县人民的共同努力下，国民经济得到全面恢复，到1952年，农业生产达到历史最高水平。

第一节　发展生产全面提升民生水平

一、开展农业生产改善人民生活

1946年3月27日，东北局发出《关于开展生产运动的指示》，要求各级党组织和政府在"以农业为主"这一发展生产总方针指导下，用一切方法增产粮食和其他农产品，使广大农民的生活得到改善，有能力支援前线。同年"五四指示"发布，广大农民在"土改"之后分得了土地、牲畜以及其他生产资料，生产积极性高涨起来。为了发展生产，松江省委要求各县、区委必须领导好农业生产，使之成为有利于发动农民的群众运动，并于1947年2月11日发出《关于组织春耕的请示》，要求各县在春耕工作中搞好劳动力的组织和生产工具的搭配，解决好生产中的各种困难。要求各地开垦荒地，扩大耕地面积，种植水田，增加粮食单位面积产量，改良农具，兴修水利，确保农业逐年丰收。

延寿县委按照东北局、松江省委关于"善于根据当地人民的习惯和要求，发动劳动互助运动"，以便"解决和补救因日本长期掠夺与破坏所造成的农村中劳动力不足"的指示精神，号召全县广大农民在自愿两利的原则下，组织换工插犋，互助合作。对于农民自愿组织起来的农户，县委、县政府给予充分肯定。对于那些没有组织起来的农户，各级政府进行动员和教育，使广大农民认识到只有组织起来才能发展生产。

由于县委采取了发展农业生产的各种有力措施，使翻身农民真正体会到组织起来的优越性，积极走互助合作道路，广大农民焕发了生产热情，全县农业生产取得了重大成果，扩大了耕地面积。1948年比1947年新增耕地8 455亩，粮食产量也有所增加。1948年，全县主要农作物玉米总产6 560万斤，创历史最高水平。重视农田基本建设，许多农民开始蓄水抗旱，挑沟挖壕。植树造林，科学种田起步，各村广泛推广优良品种，改良农具，积粪施肥。发展副业生产，增加收入。

县委、县政府落实东北局、松江省委"试办国营农场，进行机械化农业试验"和"开垦荒地，扩大耕地面积"的指示，于1947年春试办了两个国营武装农场。

华炉武装农场距县城70华里，位于安山区华炉村魏锡九屯。土地面积200亩，13名工人，3匹马，2支钢枪，50发子弹。秋收收获400石水稻。

崇河武装农场距县城110华里，位于中和区崇河村河东八号朝鲜屯。26名工人，新建房舍、炮台、围墙，新开垦水田300多亩。因为崇河农场临近东山里，有残匪出没，所以配备4支钢枪、4颗手榴弹，并成立武装护场队。秋收收获水稻500多石。

土地改革后，农民需要大量土地。1948年春，县委、县政府决定将华炉武装农场的土地退还给农民。农场人员归并到崇河武装农场。同时决定在中和区南部一号、东岗三号、六号扩建农场。这里有日本开拓团遗留的200多垧水田地可供农场种植。县委、县政府充实了武装农场领导力量，引进了部分农业机械。直到1949年，松江省国营农垦局接收了一号、三号、六号农场，改名为国营大山农场。

武装农场的建立，不但为前线提供了粮食和物资，还为农民展示了现代化农业发展的前景，起到先进农业生产的示范作用，并为大山国营农场的开发建设奠定了基础。

二、发展各项事业保障人民物质文化需求

（一）恢复和发展工业生产

延寿工业是在接收和改造日伪统治时期的工业基础上恢复和发展起来的。1934年，全县有加工工业231家，其中油坊51家，粉坊65家，制酒烧锅5家，其余全部为小型手工作坊。1937年，以日本人中岛正雄为厂长建立了亚麻原料厂。生产亚麻纤维，机械化作业，延寿始有纺织工业。1945年全县仅存52家工业企业。

1946年，东北局提出"发展农业、手工业及恢复必要的与力量条件可能的机械工业"。延寿县委贯彻东北局和松江省委关于"城乡互助、内外交流、公私兼顾、劳资两利"的民族工商业政策，在进行土地改革的同时，整顿旧企业，扶持新企业，工业和手工业得到恢复并有所发展。到1948年，各类工业企业发展到

160家，从业人员508人，年产值实现86万元。

工业的发展，工业产量的增加，不仅保证了群众和前线的需求，也为以后延寿工业发展奠定了坚实的基础。

（二）恢复和发展商业经营

日伪统治时期，延寿县的商业是日本殖民地性质经济的重要组成部分。日本侵略者大肆掠夺延寿的木材、农产品、山产品等，同时又将日本货物涌入市场。1940年，县内有鞋帽、棉布、针织、烟酒等商铺500多家。到1941年，日本侵略者不断扩大战争，日伪政权加紧对延寿的掠夺，大搞殖民商业，对人民生活必需品，如粮、棉、布、盐等实行定量配给，使境内商业日渐冷落，市场商品减少，商铺纷纷倒闭，到1945年，县城仅剩7家较大商户。

1946年延寿解放后，县人民政府对商业经营采取了一系列措施。建立贸易公司，创造国营商业，发展集体商业，扶持私营和个体商业，开展以输出木材、粮食，换取布匹、棉花、食盐为中心的贸易经营。

1947年4月，成立延寿贸易局，下设加信、柳河两个营业所，主要任务是收购粮食和供给民众布、盐等生活必需品。贸易局在县城同庆街建立一家国营商店。9月，在县城成立松延合作社与南关合作社。松延合作社有资金1 703.3万元（东北流通券）。10月，撤销贸易局，成立工商科，下设粮食和百货两个公司，百货公司下设土产部。又在县城、加信、柳河设立交易市场。全县有国营商业网点4个，从业人员140人，商业零售总额120万元。

为了扶持私营商业发展，县委、县政府采取了许多切实措施。主要有：发放低息贷款，建立市场；帮助私营企业代销商品；推进合作社商业发展，等等。到1948年，全县有私营商户

430个，从业者945人，拥有资金20.5万元，商品零售额107万元。

（三）发展教育卫生事业，提高人民体质素质

抗战胜利后，延寿县的文化艺术工作十分活跃。1946年9月，松江省立第三中学（今延寿第一中学）在延寿县同庆街创办延中书店。1948年，在延中书店基础上，建立东北书店延寿分店，发行解放区出版的各种进步书刊。1948年成立了延寿县文化服务队。服务队下乡帮助加信、安山、平安区建立图书馆。早在1946年，县委即派人组建文艺宣传队，围绕土地改革、反奸除霸、破除迷信自编自演小型节目，形式多种多样，有快板书、独唱、拉场戏、评剧、话剧等。到1948年10月，以文化宣传队为骨干，成立了延寿业余剧团。演员来自各行各业，演出的节目短小精悍，政治性强，为配合政治运动、支援前线起到了宣传鼓励作用。

延寿的人民教育事业是伴随着东北根据地的创建而发展起来的，在发展中小学教育工作中，首先废除了日伪时期的法西斯奴化教育，使教育工作转到革命的轨道上来。小学恢复"四二"学制，即初小四年，高小两年。中学实行"三三"学制，即初中三年，高中三年。鉴于当时师资缺乏、教师来源复杂的情况，县委向中小学派出一定数量的党员和思想进步的知识分子，加强学校领导力量，使学校教育进入了一个新的阶段。经过努力，延寿教育事业发展迅速。到1948年，全县有小学94所，教职工146人，学生6 233人；有中学1所，教职工22人，学生280人。此外，各区、村贯彻县委"以民教民，多种形式"的办学方针，成立了冬学委员会，开展农民业余教育。

伪满洲国时期，由于日本侵略者的残酷统治，延寿县的卫生状况极其恶劣，缺医少药，人民健康水平低下。25种传染病在县境内不同程度发生17种。全县190个村，有168个村发生三大

地方病。克山病为全省发病率最高县份之一，大骨节病发病率90%，地方性甲状腺肿发病人口约为10万人。抗战胜利前夕，日本为消灭细菌试验罪证，炸毁了哈尔滨平房区"七三一"部队细菌工厂，致使所培育的病原菌逃窜和媒介昆虫传播而流散，"七三一"部队细菌工厂成为鼠疫等烈性传染病的疫源地，延寿县是重灾区之一，人民生命安全受到巨大威胁。

1946年延寿解放后，县委、县政府为确保人民身体健康，积极进行卫生事业的恢复和发展工作，在全县范围内开始有计划地采取被动免疫、自动免疫及接种和预防接种工作。到1948年，全县12万人全部注射了五联疫苗。1946年到1948年，全县先后成立了县防疫委员会、县卫生医药联合会等卫生工作群体四个；成立了延寿县卫生院、青川、加信、柳河卫生所。

卫生事业的迅速发展，使危害全县人民身体健康的各种疾病得到控制，鼠疫等各种烈性传染病得到有效遏制，缺医少药的状况得到一定程度改善，人民健康有了保障。

三、全民动员参军参战支援解放战争

（一）全民动员参军参战

1946年8月，东北局发出《关于补充主力加紧作战准备的指示》，要求各省军区从地方兵团中抽调兵力补充主力部队。松江省委决定将松江军区主力，即双城、五常、巴彦、阿城、延寿5个独立团，共计7 500人紧急补充主力部队。延寿县独立团共有12个连队1 500人，抽调近千人奔赴作战前线。10月下旬，松江省掀起参军高潮，出现了父送子、妻送郎、踊跃参军上战场的动人场景。延寿县朝鲜三支队连同延寿招募的100多朝鲜族青年共计500多人补充到主力部队。

1946年12月至1947年7月，国民党集中了7个师兵力对南满根据地发动进攻。东北民主联军为了牵制敌人，采取"南北呼应，南拉北打"战略方针，先后发动了"四保临江""三下江南"等战役，松江省又掀起了参军参战热潮。1947年6月，延寿县动员1 000多名翻身农民参加民主联军，经过训练，及时补充到部队，受到省委表彰。

1948年1月1日，奉中共中央军委命令，东北民主联军改称东北人民解放军。1948年9月，辽沈战役打响。为了加强东北的军事力量，中共中央东北局和东北人民解放军总部决定，在扩大主力部队的同时，组建二线兵团，以积蓄兵力与国民党军队决战。松江省是征兵重点地区，上级下达的任务是5万人，经过深入动员，参军人数达到5.7万人，超额完成扩兵任务。到1948年末，松江省先后有4个师和10个独立团补充主力部队。其中四野十纵队大部分兵源来自松江省，十二纵队3个独立团全部是松江省子弟兵。此期间延寿县又动员近2 000人补充到东北人民解放军主力部队。

在解放战争的3年时间里，延寿县共有5 012人当兵。这对于一个11万人口的小县来说，创造了一个奇迹。县委、县政府深入扎实的工作增强了群众参军参战的积极性。在上级征兵任务下达后，全县迅速行动，将最优秀的子弟送去当兵。

（二）竭尽全力支援前线

延寿县人民在把亲人送往前线的同时，还担负起战勤支前的重任。组织担架队、运输队奔赴前线，运送给养弹药，抢救伤员，打扫战场，为解放战争的胜利做出了重大贡献。延寿县战勤支前开始于1946年5月，此后根据战争形势的需要，共派出4批民工支前。

1946年5月，东北民主联军从四平撤退后，黑龙江地区的战勤支前工作就已经开始。延寿县动员担架511副、民工3 066人，赶赴辽宁前线，执行战勤任务。1947年10月5日，延寿县第二批支前民工1 000多人奔赴前线，为部队运送物资。其中10名民工冒着枪林弹雨冲上战场，为战士送去弹药给养，被松江省政府授予"民夫英雄"称号。

1947年12月3日，中共松江省委发出《关于动员战勤的紧急指示》。省委决定紧急动员民夫、担架、大车、粮草送往前线，并将战勤任务分配到各县，要求各县县长亲自领导，随军行动。延寿县迅速组织了800多名民夫、100多副担架、50辆大车的战勤大队，由县长杨超、县委副书记刘志民、大队长任兴洲带队，于12月11日出发，冰天雪地中一路急行军直奔"冬季攻势"的西部战勤线，12月26日到达目的地立即投入到紧张的伤员转运任务中。由于战线长，战斗激烈频繁，伤员多而且重，需要进行长途转运。因此，战勤队的任务非常紧迫繁重，常常需要昼夜行军，最快一天一夜抬着伤员行走120公里。较远一次是从吉林省的郑家屯到辽宁省彰武县的后新秋；另一次是从辽宁省彰武县到昌图县八面城，行程都在200公里以上。途中遭遇小股敌人和散兵骚扰是常有的事，队员们既要保证伤员的安全又要进行战斗，坚持且打且行。由于冰天雪地长途跋涉困难重重，队员们得不到充分的休息，身体极度疲劳。一天，二小队队长安广成蹲在灶台旁吃饭，吃着吃着饭碗掉在了地上，人靠着灶台睡着了。尽管任务重条件艰苦，但队员们说："比起战场上的战士们我们好多了，无论如何一定要保证圆满完成任务。"队员郭广福因疲劳过度，致使睾丸发炎肿大，每走一步疼痛难忍，满脸冒汗，大家劝他坐担架他宁死不肯，没办法只好用绑腿绑在他腰间拖着他走，零下20多摄氏度的气温他的汗水浸透了棉袄，但他硬是坚持行军150多公里没掉队。

战斗在继续，伤员的转运不分昼夜。白天还好说，如遇晚上转运困难就更大了。在东北，每年的12月份到次年的1月份是一年中最冷的季节，白天最高温度零下20多摄氏度，晚上气温都在零下30多摄氏度。一次转运伤员到辽宁省康平县，中途遭遇大雪天，雪深过膝，白茫茫一片辨不清方向，队伍只能凭着经验艰难前进。队员们头上、脸上、胡须上挂满了霜雪，棉袄被汗水浸透，而担架上的伤员又随时有被冻伤的危险。队员们主动把狗皮帽子、羊皮袄、棉大衣等摘下、脱下来，戴在伤员头上、盖在伤员身上，并努力加速前进。行进中一位伤员要小便，队员刘发急中生智拿出随身携带吃饭喝水用的搪瓷茶缸为伤员接尿，而后用雪擦擦继续用，感动得伤员流下了眼泪。刘发的举动启发了队员们，大家积极主动想出各种办法为伤员减轻痛苦，有的借来工具做雪爬犁拉伤员，有半路用雪化水为伤员熬小米粥充饥。队员们的事迹得到了当时《东北日报》的及时报道，为所有战勤队树立了榜样。

虽然说战勤队的主要任务是转运伤员，但他们有一个共识，只要是对战事有利的事，就抢着去干。一次队伍在一个叫秀水河子的地方宿营，又累又困的队员们刚躺下就来了一支战斗部队需要休息，队员们二话不说，马上起身将火炕让给战士，而队员们有的睡在了地上，有的拿几捆干柴睡在院子里，中队长李长平把五六根扁担并成一排就在上面睡着了。还有一次，转运队伍送伤员到达彰武，安置好伤员准备休息时，发现兵站有50辆大车的炮弹无人卸车，队员们转身当起了力工，七手八脚不一会儿工夫将炮弹全部装箱搬进了仓库，确保了这批武器的安全。

1948年3月20日，延寿县第四批战勤民工开赴前线。此次共动员民工1 000多人、担架100多副、大车70多辆。4月11日完成支前任务返回延寿。县直机关干部、中学师生组成了盛大队伍迎接。

据不完全统计，解放战争中延寿县共动员民工6 000多人次，出动担架700多副，出动大车200多辆、600多马匹，支援前线粮食40多万石、现金（东北流通券）12亿元。经过战火洗礼，这些参战的战勤民工解放后成为各项工作的骨干。

四、抗美援朝、保家卫国

1950年6月25日，朝鲜战争爆发。10月8日，中共中央作出"抗美援朝、保家卫国"的战略决策。10月19日，中国人民志愿军跨过鸭绿江，进入朝鲜战场，开始了抗美援朝战争。延寿人民坚决响应党中央"抗美援朝、保家卫国"的号召，全县掀起参军参战、奋勇支前的热潮。

1950年6月30日，中共延寿县委决定7月1日至7日为保卫和平签名运动周。为声援朝鲜人民的正义斗争，发出了《关于进一步开展保卫世界和平的签名运动》的号召，活动仅开展几天，全县就有8万多人签名。8月27日，中共延寿县委向全县党员干部发出公开信，要求大家要做好本职工作，以实际行动支持抗美援朝。志愿军入朝作战后，全县男女老少齐上阵、家家户户忙炒面，仅5天时间，就有1万多斤炒面运往前线。11月17日，县委书记李弟光在全县干部大会上强调：一要做好反侵略宣传；二要完成扩兵任务；三要加强民兵教育与训练，保卫后方；四要把抗美援朝与扩大生产开展建设紧密结合，多出产品，保证前方的供给。12月10日，延寿县人民武装部为入朝参战40名青年送行，县委、县政府领导出席了欢送会。12月18日，县委组织了65副担架、390名农民的担架队，赴朝战地服务。

1951年2月，县政府发布了《延寿县抗美援朝时期的战勤条例》。

6月，全县城乡居民积极响应县委发起的抗美援朝捐献号召，全县共捐款9.9亿元（东北流通券），其中农民捐款4.9亿元，工人捐款3.3亿元，职工干部捐款1.7亿元。8月，为适应抗美援朝的需要，全县动员33 441个工日和15 959台车次补修尚方公路。

在抗美援朝、保家卫国运动中，县委注重抓好爱国主义和国际主义精神教育。针对"帝国主义侵略朝鲜与中国无关"，"他们是朝鲜人，我们不必要援助他们"的说法，除讲清帝国主义历史上的侵略本质与具体事实外，说明美帝这次侵略阴谋不是单纯为了朝鲜，而是要以朝鲜为跳板进而侵略中国。让大家看清抗美援朝就是保家卫国，就是我们的正义行动，与每个中国人民有直接利害关系。大家知道而且受过日本的侵略，刚解放过上好日子，而美国又来侵略我们，是想让我们再当亡国奴，我们坚决不答应。大家思想通了，充分调动起广大干部、工人和农民工作和生产的积极性。一是爱国主义和国际主义精神得到发扬。1951年举行"五一"大游行，全县有四五万人加入了这一行列。二是订立爱国公约，把抗美援朝、保家卫国变为自觉行动。1950年11月，在县委、县政府的组织下，全县掀起了订立爱国公约的热潮。全县订立爱国公约1 386个，农村以小组为基础的公约1 010个。三是县委发出"抗美援朝保家卫国"捐款计划仅一个月就完成任务。七区书记兼区长梁万顷捐款30万（东北流通券），赵魁元小组捐款25万（东北流通券）。四区双安屯26名妇女利用挂锄期上山采蘑菇260斤，拾木耳20斤，挖党参80斤，卖钱捐款，以实际行动支持抗美援朝，并向全县妇女发出挑战。新城村妇女赵素琴把自己心爱的银镯拿出来献给国家。全县6 765名妇女共捐献39 439元（东北流通券）。四是把抗美援朝与扩大生产开展建设紧密结合。全县开展"丰产竞赛"活动，参加的互助小组占全县互助组总数的90%，并有40个互助小组参加了县级竞赛。"丰产竞赛"的开展，提高了生产效率，发展了生产。

在抗美援朝战争中，全县人民以极大的革命热情和生产积极性，有力地支援了抗美援朝战争。据统计，全县有90名志愿军战士、100余名农民担架队员为国捐躯。全县人民弘扬他们伟大的爱国主义和国际共产主义精神，极大地促进了全县各项事业的发展。

五、拥军优属褒扬先烈

（一）拥军优属

解放战争时期，县委把做好优待军属工作，作为支援前线的重要内容。对军属主要依靠群众性的优待和帮助，辅以政府的适当救济，使军属安心生产、生活，支持其子弟在前线英勇作战。1947年，给全县军烈属分青苗2 600亩，对缺少劳、畜力者，组织群众帮工。1948年，松江省政府颁布了《松江省优待军人家属土地包耕暂行方法》，对军人家属包耕法定化。

为了提高军烈属的社会地位，建立了给军烈属送"光荣军属""光荣烈属""功臣之家"等光荣匾制度，组织群众和学生敲锣打鼓送立功喜报、挂光荣匾，宣传功臣的英雄事迹，使军烈属增强荣誉感。

（二）抚恤烈属

1947年到1948年，全县共抚恤烈属129户，抚恤标准是每户500斤高粱。对因战、因公致残的军人、民兵、民工给予抚恤和优待。1946年至1947年，全县接受退伍、疗养的荣誉军人275名。1948年，根据东北行政委员会规定的三等九级标准，对全县122名残疾军人进行统一评检，建立了档案。

（三）褒扬先烈

1945年10月，延寿人民为纪念在寿山剿匪战斗中牺牲的苏联红军战士，在延寿镇公安小学院内修建了苏联红军烈士墓。

1946年8月，东北解放区各省市代表联席会议讨论通过了慰问抚恤烈士家属、兴建烈士纪念碑，用烈士名字命名地名、编撰烈士事迹、以志永远纪念等决议案。1947年4月，东北行政委员会发出《东北人民永远纪念先烈，建纪念馆，编英雄册公告》。哈尔滨市为了纪念抗日英雄杨靖宇、赵尚志、赵一曼，将正阳街、新城街、山街改为靖宇街、尚志街、一曼街。珠河县改名为尚志县。各市县建烈士陵园、纪念馆、博物馆等。

1948年，延寿县政府在县城小北山修建革命烈士陵园。将在解放延寿和剿匪战斗中牺牲的革命烈士安葬在陵园，同时将苏联红军烈士墓移至陵园。烈士陵园占地面积25 265平方米，陵区内栽种大量松树，标志着烈士英名万古长青。同年，在县文化馆内举办展览，展出抗日战争、解放战争时期照片、文献、文物、资料、绘画等200余件。

第二节　加强党的自身建设

全国解放后，随着革命和建设事业的迅速发展，党的队伍不断扩大，标志着社会主义事业的兴旺发达，同时，为党密切联系群众提供了组织保证。但是，党的地位的变化和组织的发展，带来了一些新的问题。有些党员不具备条件而被吸收到党内，有些党员堕落变质，影响党在群众中的形象和党的队伍的纯洁。因此，自1951年起，中共延寿县委遵照中央及上级指示，开展了"三反、五反""肃反""社会主义教育运动"等一系列运动，重点解决党内组织不纯和思想不纯问题。通过整顿，扩大了党的组织，提高了党员的素质，加强了民主政治建设，促进了各项社会事业的发展。

一、发展党员，壮大党的队伍

延寿县公开建党是从1948年7月开始的，到1951年全县共有89个党支部，1 284名党员。其中，工厂支部1个，45名党员；企事业支部5个，37名党员；农村支部76个，966名党员；机关支部13个，183名党员；学校支部1个，10名党员；部队支部1个，8名党员；农场支部1个，18名党员；街道支部1个，17名党员。

当时全县党员的发展共4批。1947年个别发展一批，1948年公开建党发展了一批，1949年结合建政发展了一批，1950年个别发展了一批。在七届二中全会后，农村中基本停止发展，开始转入巩固，仅在机关、工厂、学校中个别发展了一部分。如十区122名党员，1947年个别发展10名，1948年公开建党发展71名，1949年结合建政发展38名，1950年个别发展4名。

当时党的发展主要分三种形式，但都不同程度存在问题：第一，秘密时期发展一部分党员。一般斗争地主表现积极，是骨干，获得领导信任和群众拥护。这个时期建党中的主要是注重斗争积极性和成分好，缺乏政治业务素质、出身历史、入党动机和群众威信等方面的考查。第二，经过平分土地运动，群众切身体验到共产党是他们的救星，党的政治影响在群众中生了根，大批积极分子涌现出来，积极分子有入党要求，欢迎公开建党。通过公开建党，全县大部分村建立了党组织，扩大了党员队伍。这个时期建党中的主要问题首先是大部分建党干部是新干部，缺少建党经验，对建党的宗旨认识不明确，党的知识掌握少，又是各区同时进行，准备工作不足。另一方面入党条件只强调历史清白、家庭成分好、作风正派、斗争生产积极性高，降低了入党条件，把不少不起作用的、表现一般的老实人吸收入了党。经过教育有所提高，但不起作用的仍然不少。仅以十区北宁村为例，1948年公开发展13名党员，其中受各种处分的占半数，发展党员质量不高。第三，党的七届二中全会后，农村基本不发展党员，只在机关、工厂、学校发展了一部分，这部分党员思想政治觉悟比较高、肯学习，对党的认识明确，他们多数比较年轻，工作积极热情，能主动完成任务。对这部分人发展是经过长时间教育培养和工作考验的，发展要求很严格，一般都经县委批准。其问题是这部分党员都没经过斗争考验，是在和平环境发展的。抗美援朝战争中，个别人有思想波动，甚至动摇，出现了政治立场不够坚定的问题。

1950年，县委把整党和中心工作结合起来，对党员进行了政治、时事和党的知识教育，并做了严格的组织审查工作。重点对政治思想落后的党员进行教育和帮助，对政治思想蜕化不可救药的党员做了组织处理，纯洁了党的组织，提高了党员队伍的整体素质。

二、整顿作风树立党的形象

1951年，全县有1 284名党员，其中大部分党员干部政治业务素质是好的，特别是经过抗美援朝爱国主义教育和镇反运动的考验，党员干部的思想水平和政治水平得到明显提高。表现为意志坚定、要求进步和积极响应党的号召，自觉完成党交给的各项工作任务。但也有个别人思想作风不同程度存在问题。一是个别党员处处为个人打算，贪图享乐，蜕化变质。二是少数党员干部轻视党务工作，认为党务工作可做可不做，完成了行政工作就算完成了党的任务。有的机关支部委员把党务工作和行政工作对立起来。农村支部书记愿意当村长，认为当支书没有实权。三是有的老党员老干部以功臣自居、骄傲自满，耍官僚主义、命令主义，引起群众不满。四是坚持批评与自我批评不够，致使党员干部中的错误和缺点不能及时纠正，削弱了党组织的战斗力。

1951年6月23日，中共延寿县委根据中共中央《关于在全党全军开展整风运动》和中共松江省委有关指示精神，结合本县党内存在的实际问题，开展了整风运动。先在亚麻厂、粮食局、商业局进行整党试点。7月，在全县党员中推行试点经验。10月，全党分期分批进行组织整顿，对党员进行一次党纲党章教育。11月，县委书记李第光作关于整党工作的动员报告。县委下发《关于延寿整党问题的有关决定》，强调把整党工作作为中心工作抓好抓实，通过整党解决党员水平不高、组织不纯问题。12月，重点进行整顿干部官僚主义、命令主义，开展批评与自我批评，制定改进措施，健全工作制度。通过整风，提高了干部和党员的思想水平和政治水平，克服机关中存在的官僚主义和命令主义，纠正了干部、党员中的居功自傲情绪，密切了干群关系。

三、纯洁队伍保持党的先进性

延寿县自1951年下半年开始的整党工作，共进行了三年。第一年对党员普遍进行了关于党纲党章和怎样做一个共产党员的教育。1952年，全县整党运动在思想教育的基础上，开始登记、审查和组织处理。经过对党员的审查鉴定，发动党员本着"惩前毖后、治病救人""思想审查从严、组织处理从宽"的原则，对错误严重但又愿意改正的党员、不够条件的消极党员和蜕化变质分子，分别做出不同处理。至1953年，党内警告16人，党内严重警告7人，劝退6人。经过整党，纯洁了党的队伍，增强了党支部的战斗堡垒作用。党的作风明显好转，党群关系、干群关系更加密切。发展了新党员，壮大了党的队伍，保持了党组织的先进性，涌现了优秀共产党员安敬镐、双目失明的优秀共产党员郭仲、单腿英雄马占一、农民育种专家李范龙和全心全意为人民服务的李维超等一大批英雄模范人物，他们在各自平凡的工作中创造了不平凡的业绩，以自己的理想、信念和价值观，给社会以深刻的影响，同时，也塑造了整个时代的社会风尚。

第五章　老区经济建设与社会发展

新中国成立以来，延寿县发扬老区精神，在中国共产党的领导下，团结奋进，真抓实干，经济社会有了较快发展。改革开放后，特别是党的十八大以来，延寿人民解放思想，抢抓机遇，大力推进项目建设，大力调整农业产业结构，大力实施民生工程，大力加快脱贫攻坚、乡村振兴步伐，开创了延寿发展的新时代，经济社会突飞猛进，取得了显著成效。

第一节　工业经济持续发展

延寿县传统工业行业有亚麻、制药、建筑材料、食品、纺织、化学、机械、印刷、造纸等。门类齐全，成规模生产，曾有部分产品获得国家、省优质产品称号。我国实行改革开放后，县委县政府坚持"工业扶贫、工业立县"的发展思路，大刀阔斧地进行企业改革，采取企业改制、转制、租赁、联营、兼并等方法，使企业焕发生机，同时，积极开展招商引资，工业经济有了较快发展。

延寿县是最早建成亚麻纺织企业的县份，种亚麻的历史可追溯到20世纪30年代，至今已有80年的历史，以亚麻为原料的企业也由原来的一家地方国营企业发展为亚麻纺纱、亚麻织布、亚麻纺织等门类齐全的十几家企业，形成了集群规模，并成为延寿县财政支柱产业。2012年，延寿县被中国亚麻纺织行业协会授予"中国亚麻纺织历史名城"，并下发中麻协〔2012〕18号文件《关于授予黑龙江省延寿县"中国亚麻纺织历史名城"称号的决定》。根据《哈尔滨市各区县（市）重点发展布局规划》，延寿县亚麻产业被确定为哈尔滨市重点发展的十大产业之一。

自20世纪70年代开始，延寿县着力发展制药行业，相继形成蒲公英药业、瀚钧药业等规模较大的制药群体，有24种中药制剂获得国药准字号。

延寿县在大力发展已有的工业企业和工业项目的同时，大力推进招商引资，营造了人人都是招商主体、人人都是投资环境、人人都是服务窗口的社会氛围，使招商引资工作取得了好成绩。2004年建成了延寿县经济开发区，规划面积15.6平方公里，2011年被列为全省财源建设20强示范园区之一，2016年晋级省级开发区。按照"一区多园"发展理念，规划建设有食品、纺织、医药、建材等产业园，以及"现代化物流区、综合服务区和总部研发基地"三个配套服务区。

5.5平方公里核心区基础设施完备、功能配套、环境优美，建有高标准的现代化道路交通网络，日处理能力6 000吨的污水处理厂，供热能力2 000万平方米热厂和220千伏数字化无人值守变电站及年供应能力800万立方米的燃气站，为企业入驻创造了一流的基础条件。先后入驻哈尔滨蒲公英药业有限公司、哈尔滨延寿香其酱业有限公司、哈尔滨延大牧业有限公司、继嘉亚麻纺织集团、延寿县鼎鑫生物工程有限公司等34户域外知名企业，形成了产业园集群发展的格局。

2017年，全县有规模工业企业47户，实现规模工业总产值

340 098万元，销售收入348 114万元，利税合计7 271万元。规模工业企业从业人员3 537人。

主要工业企业简介

黑龙江省延寿县继嘉亚麻纺织有限公司　是一个技术实力雄厚、设备先进的亚麻纺织龙头企业，企业始建于1937年。1931年"九一八"事变后，日本侵略者为了满足其军需亚麻布的供给，决定在延寿、珠河等7个区种植亚麻，并选择在延寿县城东南角建立亚麻加工厂。1937年8月起，采取边建厂边制定亚麻种植计划的方式，于1938年春强征延寿兴隆镇（今青川乡）、常油坊（今延河镇）、新开道（今寿山乡）等5个作业区的370垧地种植亚麻。1938年8月，占地3 257平方米的工厂建成投产，产品均由辽宁旅大港口运往日本。

1945年8月15日，日本宣布无条件投降，撤走了全部技术和管理人员，工厂陷入瘫痪状态。中共地下党组织联络工厂的中国工人成立护厂自卫队，保卫工厂不受破坏。1946年1月，延寿县城解放。6月，松江省委省政府迁来延寿，派遣共产党员侯玉明担任亚麻厂厂长，使工厂开始了新生。1950年，延寿亚麻厂归属东北纺织管理局，并更名为东北第二亚麻原料厂。1952年8月，更名为延寿亚麻原料厂。1958年，工厂转为国营地方企业，正式定名延寿亚麻原料厂。1970年，经黑龙江省轻工业厅批准，延寿县投资350万元，在亚麻原料厂成立了亚麻帆布纺织车间。1980年，亚麻帆布纺织车间同亚麻原料厂分离，成立延寿县帆布厂。1981年，延寿县帆布厂更名为延寿县亚麻纺织厂。1985年，延寿县亚麻纺织厂与香港龙光实业有限公司合资经营，成立延寿县亚麻纺纱有限公司。1997年，哈尔滨继嘉公司购买延寿县亚麻纺纱有限公司，更名为延寿县继嘉亚麻纺织有限公司。2006年，据中国海关统计，延寿县继嘉亚麻纺织有限公司亚麻布出口总量位居全国第一，"继嘉"牌亚麻纱在国际享有盛誉。

目前，公司位于延寿县延寿镇南卫东路7号，占地面积6万平方米，现有员工700多人，拥有一大批经验丰富的工程技术人员和技术工人，现有亚麻湿纺锭16 500锭，年可生产纯亚麻纱6公支—75公支4 000余吨，是延寿县支柱企业和纳税、创汇大户。企业实现年销售收入2.88亿元，年利税总额5 876万元，年出口创汇3 486万元。20年累计纳税2.73亿元。2000年公司取得ISO9001国际管理体系认证资格，2012年取得国际生态纺织品认证资格，生产设备的运转效率和万锭的经济效益一直处于国内亚麻纺织行业的领先地位。产品主要销往葡萄牙、意大利、土耳其、比利时、印度、韩国等国家和地区及国内的知名纺织企业，产品取得了质量、出口、创汇全国同行业前三的名次。"继嘉"牌亚麻纱先后被评为"黑龙江省名牌""中国纺织知名品牌"。公司荣获2015年中国纺织服装行业品牌价值50强企业和哈尔滨民营百强企业，2014年和2017年连续两届获得"中国麻纺织行业十大影响力品牌"。

哈尔滨蒲公英药业有限公司　前身是1970年延寿县成立的国营地方制药厂，生产的安脑丸、三鞭参茸固本丸等产品疗效明显，畅销全国。1996年，企业改制，延寿县路神集团并购了延寿县制药厂，更名为哈尔滨蒲公英药业有限公司。2006年4月，公司入驻延寿县省级经济开发区，占地41 000平方米，建有4个生产车间和1个中心化验室，现有职工114人。企业注册资金4 000万元，拥有固定资产5 780万元，流动资产2 658万元，设计年综合产值7.5亿元，是一个按照国家GMP标准建设的制药企业。几年来，公司已在北京、沈阳、济南、南京、广州、哈尔滨等地建立了办事处，销售网络遍及全国。主导产品为安脑丸、清淋颗粒、三鞭参茸固本丸、白蒲黄片等。2007年，公司通过了GMP认证，并在市场开发和销售上下功夫，扩大了市场占有率。目前，公司注册的24个产品品种均为国药准字号产品，已全部载入国家药典并符合部颁标准。其中安脑丸、三鞭参茸固本丸、清淋颗粒三个品种已列入国家中药保护品种。安脑丸、三鞭参茸固本丸两个产品于1993年列入国家中药专利产品。安脑丸在1995年、1997年、1999年连续三届获得"全国中医医院临床急诊必备用药"。安脑丸、清淋颗粒同时进入国家基本药物目录和国家医保目录，获得了国家政策保护与支持。

哈尔滨延大牧业有限公司　是延寿县扶贫开发产业项目肉鸡养殖龙头企业，位于延寿县延寿镇省级经济开发区泰山路9号，是集肉鸡饲料生产、养殖、屠宰加工为一体的现代化民营企业。设计生产能力年屠宰加工白羽肉鸡2 400万羽，公司现有无公害白羽肉鸡养殖基地20处，年出栏白羽肉鸡1 500万羽，总资产3.2亿元。形成了产、加、销、贸、工、农，龙头+基地的产业经营模式。公司于2013年被授予哈尔滨市农业产业化重点龙头企业。2015年被授予黑龙江省农业产业化龙头企业。公司养殖的肉鸡在2017年获得无公害农产品产地认定证书，产品获得无公害农产品证书。公司始终秉承"以质量求生存，靠信誉求发展，凭管理求效益"的企业发展理念，产品广销黑龙江、北京、天津、上海等22个省、市、自治区。与金锣、双汇等国内十多个大中型肉类加工企业建立了长期的合作伙伴关系，产品年销售额在5亿元以上。

2017年由延寿县政府整合扶贫资金1.3亿元，在全县新建18个肉鸡养殖小区共72栋标准化养殖鸡舍，年出栏无公害肉鸡900万羽。

以企业为龙头成立了肉鸡养殖合作社，入社会员已达1 000人，以户贷社用、户贷社保、户贷社还的方式开展的循序渐进的扶贫带动，年发放分红扶贫资金160.7万元。

哈尔滨瀚钧药业有限公司　是延寿县重点支柱企业之一，集研发、生产、营销为一体。公司位于延寿县延寿镇省级经济开发区淮河路2号，总投资2.8亿元，总占地面积50 000平方米，建筑面积30 000平方米。具备片剂6亿片、颗粒剂4亿袋、胶囊剂3亿粒、贴片剂1亿片的年生产能力。公司于2015年4月通过国家新版GMP认证，公司设有八大职能部门，现有人员146人，大中专以上学历人员占总人数的73%，并拥有高级工程师3人、中级工程师6人，众多外聘高级管理人员和技术人员，为公司运营发展提供坚实保障。产品涉及心血管、呼吸、抗病毒及肿瘤治疗用药领域，有中药提取、原料药、颗粒剂、胶囊剂、片剂、丸剂、贴剂等20余个品种，部分产品已纳入国家医保目录，国家基药、低价药目录。

发展创新是企业的生命，哈尔滨瀚钧药业有限公司注重新产品研制与开发，与大连理工大学、沈阳医科大学、北京药物研究所等单位联合研制申报的肿瘤治疗格雷司琼贴片及帕金森综合征治疗药多奈哌齐贴片正在进行临床实验阶段。拥有独立知识产权22个，已授权发明专利4个、外观设计专利2个、软件著作权2个、科技成果登记3项，并荣获第22届全国发明展览会发明创业奖，同时获得1金1银2铜荣誉奖项。2017年，公司顺利通过高新技术企业认定，并获得哈尔滨市科技成果登记证书。企业科技创新能力有效地提升了行业竞争力。2017年公司董事长贾德君先生获选黑龙江省中小企业创新人才。2018年3月公司被哈尔滨市工会授予"先进单位"。2018年10月公司被授予黑龙江省诚信民营企业荣誉称号。

哈尔滨延寿亚麻纺织有限公司　位于延寿县延寿镇延中公路30号，月生产24支—36支亚麻纱100吨，实现年产值5 900万元，年销售收入6 151万元，利润446万元，上缴税金234万元。为保证产品质量和生产能力，企业购入4台自动络筒机，实现全部产品筒纱无接头，极大提高了成品纱的质量和品质。企业共解决待岗再就业人员280余人，带动相关产业的发展和繁荣。

企业拥有一大批长期稳定的客户群，遍布山西、河北、辽宁、江苏、黑龙江等省市。企业生产规模达到了7 200锭，属满负荷运转，并向着先进、高效、高质量发展。

延寿县鼎鑫生物工程有限公司 是沙棘系列产品生产企业，总部位于延寿县延寿镇经济开发区黄河路1号，为股份责任制有限公司。

企业注册资金8 000万元，公司资产总额10 189万元，现有职工128人。企业一期"沙棘系列产品深加工项目"工程，占地面积27 560平方米，建筑面积12 000平方米。2016年获得了GMP生产资格认证，通过了国际质量管理体系认证暨ISO9001质量管理体系认证；ISO14001环境管理体系认证；ISO18001职业健康管理体系认证；ISO22000食品安全管理体系认证；办理了产品出入境备案登记手续，具备出口条件。生产沙棘片剂、颗粒剂、硬胶囊、软胶囊、液体口服液等20余种。已形成沙棘种植、加工、销售全产业链基础。年生产能力为沙棘糖果2亿片、沙棘软胶囊1亿粒。公司于2012年注册了"仁鼎鑫"牌商标，依托延寿县国家生态示范区，生态资源丰富、生态环境优良的优势，在创建沙棘标准化生产基地工作中加强了企业与种植基地产业链接。组建了6个沙棘种植合作社，种植沙棘林地1.5万亩，年可收获优质绿色沙棘果万余吨。2017年合作农户1 050户，2018年合作农户发展到1 260户。产品远销北京、上海、天津、广州、深圳等20多个城市。"仁鼎鑫"牌沙棘系列产品是全国特色农林小浆果产品主打品牌之一。"仁鼎鑫"商标获得"2019中华品牌商标博览会"金奖。公司被授予"3·15"维护消费者权益诚信单位、林下经济协同创新中心产业化基地、黑龙江省服务质量诚信AAA级企业、黑龙江省小浆果育种及加工工程研究中心科研示范基地，黑龙江省林业龙头企业、哈尔滨市农业产业化龙头企业、黑龙江省守合同重信用企业等多项荣誉称号。主打产品荣获"2012年中国国际森林产品博览会金奖"，三年累计缴纳税费856.4万元。

第二节　农业农村经济势头正旺

农业是延寿县的基础产业和优势产业。新中国成立后历届县委、县政府都把加快农业农村经济发展作为重点工作来抓，把走出传统模式向商品粮基地县、畜牧业生产县和农副产品加工县迈进作为主导思路，不断调整种植结构、产业结构和农业内部结构，推进农业产业化发展。依托市场，依托资源，打特色牌，走特色路。开发"优质米"，建设"亚麻城"，发展"养生游"，壮大畜牧业，振兴食品业。引导培植了一批实力雄厚、辐射面广的龙头村和龙头企业，全县农业形成市场牵龙头、龙头带基地、基地联农户的产业化经营共同体。全县农村形成屯有主营项目、村有骨干品种、乡镇有经济强项、县有主导产业项目的农业农村经济发展新格局。目前，延寿县是国家扶贫开发重点县、国家生态保护与建设示范区、国家粮食高产创建示范区、全国绿色食品原料（水稻）标准化生产基地示范县、全国农田水利建设重点县、省级生态农业示范县和省级优质水稻生产主产区。水稻种植是延寿农业的主体产业，具有地势平坦、无工业"三废"污染、地净田洁、土质肥沃的优势。延寿县种植水稻已有100多年的历史，境内土壤为黑黏土、沙壤土质，土壤有机质含量3%~6%，自然肥力较高，灌溉水资源丰富，境内山峦叠翠、河流纵横、稻田阡陌。森林覆盖率达到51.76%，大气、水、土壤等环境质量均达到国家一级标准，素有"塞北小江南"的美誉。因地处北纬45度黄金水稻种植带的独特自然禀赋，蚂蜒河和亮珠河交汇形成三角形冲积平原，河滩漫地形成厚达40多厘米的腐殖土，富含钙、铁、锌、硒等多种益于人体健康的微量元素，特别适合水稻生长。1959年7月3日—12日，我国首次大面积航空化学灭草试验在延寿县加信公社太和管理区进行。9天时间，一架安2型飞机共起飞96次，每次飞行6—8分钟，喷撒2、4、5涕农药255.5亩。此次航空化学灭草有效飞行时间14小时52分，有效灭草面积25 200亩，杀灭水田野草水白菜、水上漂达100%，其他杂草80%~100%，受到农民的认可和欢迎。航空化学灭草试验的成功，开辟了我国科学技术广泛应用于农业生产的新途径。黑龙江电影制片厂拍摄了"加信航空化学药物灭草"的新闻纪录片并在全国发行，这一经验迅速在全国广泛推广。近年来，延寿县通过采取推广优质高产水稻新品种、引进水稻种植新技术、壮大本地水稻生产加工龙头企业等措施，使水稻优质品种覆盖率达到100%，产业化水平得到提升，水稻产量连年实现翻番增产，获得了国家农业部和黑龙江省农业丰收计划一等奖。全县稻米加工QS认证企业达59家，其中年加工能力2万吨以上30家，所产大米全部达到无公害农产品和绿色食品标准。拥有"亮珠""亮珠河""覆膜田"等8个品牌的有机食品质量认证和18个品牌的A级绿色食品标识认证，全县有水稻种植科技协会26个、水稻种植专业合作社58个，所产覆膜米、鸭稻米、富硒米畅销全国。2015年，根据国家质检总局发布的第44号公告，批准对"延寿大米"实施地理标志产品保护，保护范围覆盖延寿全县9乡镇105万亩稻田。2017年9月23日，延寿县被中国粮食行业协会授予"中

国优质香米之乡"称号,成为全国唯一获此殊荣的县份。2018年
11月2日,国家农业农村部授予"延寿大米"国家级农产品地理
标志示范样板。在首届中国(三亚)国际水稻论坛上,"延寿大
米"获评"中国十大品牌"之一,世界杂交水稻之父、中国工程
院院士袁隆平亲笔题写"延寿大米延年益寿""生态延寿品质稻
米""中国优质香米之乡"。延寿生产的玉米富含钙、磷、硒和
卵磷脂、维生素E等,具有降低胆固醇的作用。延寿生产的大豆
营养成分非常丰富,其蛋白质含量高于禾谷类和薯类2.5—8倍,
除糖类较低外,其他营养成分,如脂肪、钙、磷、铁和维生素B2
等人体必需的营养物质,都明显高于谷类和薯类食物,全县正努
力打造全国"非转基因大豆之乡"。2017年,延寿县已实现农林
牧渔业增加值260 460万元,农林牧渔服务业增加值15 876元。全
年转移农村劳动力5.7万人,实现劳务收入8.7亿元,农村贫困人
口17 586人,同比下降28%。种植业增加值实现194 623万元,粮
食产量12.24亿斤,其中水稻、玉米和大豆分别为8.63亿斤、3.29
亿斤和0.32亿斤。全年蔬菜产量24 846吨,果类产量7 340吨,油
料作物产量152吨,亚麻产量23吨,绿色食品种植面积51.1万亩,
绿色食品认证33个,绿色食品产业牵动农户10 180户。绿色食品
加工企业产品产量18万吨,实现产值85 260万元,实现利税4 060
万元。全县农机拥有量达到63 212台件,年完成机耕面积163.2万
亩,全县综合机械化水平达到93.25%。

重点农产品企业和合作社简介

延寿县信合有机稻米专业合作社 位于延寿县加信镇太和
村,是青年农民姚宏亮自出资金于2008年组建的集种、产、销为
一体的专营绿色有机"覆膜米"的农业生产合作社。目前,合作
社共有农民432人,固定资产1 120万元。2016年投资组建的延寿
县信合现代农机专业合作社,与信合有机稻米合作社互为补充,

相互促进，融为一体。采取合作社+基地+农户的方式，实施紧密型合作，统一流转土地、统一经营、统一供种、统一肥料、统一技术、统一管理、统一收购、统一品牌、统一销售的科学化管理模式，确保产品质量。2008年，姚宏亮根据加信镇太和村地处蚂蜒河冲积平原，土壤肥沃、雨量充沛、气温适宜、日照充足的特点发明了水稻地膜覆盖栽培技术，并发明改造成功了覆膜插秧机，实现了覆膜插秧全程机械化操作，减轻了劳动强度，提高了功效，降低了生产成本，增强了产品的品质，实现了农民增产增收，姚宏亮获得了7项国家发明专利。合作社注册了"覆膜田"及"小龙人"产品商标，有机大米畅销全国100多个城市和地区，产品在京东电商平台、中粮我买网、公益中国、小米集团米家有品等平台上销售。线下有中石化、中国电子科技集团和军工银行证券公司等直供。"覆膜田"商标被评为哈尔滨市著名商标，姚宏亮被评为黑龙江省劳动模范，并被国务院授予"全国种粮售粮大户"荣誉称号。

延寿县合众农业专业合作社联社　是由16家合作社联合组建的集农业种植、加工、销售于一体的农民专业合作社联合社。通过"合作社联合社+合作社+基地+农户"的合作方式，在全县9个乡镇40个村、屯带动和辐射农户4 000多户，流转土地5 800亩，订单生产15万亩，有效地促进了农村土地流转、规模经营、产业升级，为延寿县农业农村经济发展做出了积极贡献。他们采取"民主管理、共同协商、统一调度、分社运作、规范运行"的管理方式实施科学管理，以种植富硒、富锌、富钙、富铬营养功能米和非转基因玉米、大豆、鲜食玉米、设施马铃薯等农作物为主，采用"统一供种、统一肥料、统一技术、统一管理、统一收购、统一品牌、统一销售"的种植管理模式，使合作社联合社得到了快速发展。在技术管理上，联合社与东北农业大学合作，由东北农大负责农民技术培训，目前已有5 000多人接受了培训。并联合投资1 000万元，建成了年产1万吨生物有机肥料场一处，保证联合社农户的生产用肥。同时，东北农大为联合社生产的功能营养米提供技术配方、生产方案和进行生产现场指导，保证了产品的品质和成功率。联合社已实现年订单生产功能营养水稻7万亩，种植订单非转基因玉米2万亩，种植订单优质香米水稻2万亩，种植订单非转基因高蛋白大豆4万亩，种植订单鲜食玉米3 500亩，种植订单大棚设施马铃薯600栋大棚，有效地解决了农民种地难、卖粮难问题，降低了风险，增加了收入。

第三节　商贸经济新格局发展快

党的十一届三中全会后，延寿县鼓励个体商业经营，开放农贸市场，开展议价议销，打破国有行业独家经营局面，形成多种经济成分、多种经营方式并存的新型商业体制。到1986年，全县个体商业户发展到1 685户，从业人员2 376人，商品零售额2 190万元，占全县商品零售额21.8%；集体商业227户，从业人员1 594人，商品零售额2 452万元，占全县商品零售额24.6%。到2005年末，全县个体工商业户发展到4 683户，从业人员16 783人，商品零售总额426亿元，比2000年增长142%。当时，国营商业31户，直属企业10户，下属国营独立核算单位31个，从业人员1 471人。面对国家政策调整和市场疲软，企业采取多项改革措施，但销售额仍大幅度下降，效益下滑，处于停产半停产状态。2005年前后，职工一次性买断工龄、领取工龄年补偿金、补交养老保险金后下岗自谋生路，企业解体。

1986年，延寿县商业科改为延寿县商业局，1996年改为延寿县商贸局。2000年，县商贸局并入延寿县经济计划局，改为商贸经济办公室。2012年与延寿县粮食局合并为商务粮食局，加强了商贸经济的管控能力。为了方便群众，促进流通，大众广场、金街等经济贸易区应运而生，使商品流通的速度和活力得到提升。物资、供销等部门根据各自的特点和优势，积极进行改革，完善服务体系和功能，有了新的发展和突破。2013年4月，成立延寿县商务工作领导小组，下设办公室，负责全县内外贸易、商贸流通、商务执法工作。

2015年，延寿县被列入国家电子商务进农村综合示范县。商务办负责全县电子商务发展工作。先后建设了电子商务服务中心、电子商务仓储物流配送中心、电子商务孵化创业园；在乡村建立了97个电子商务农村服务站，网店数量（包括电脑和手机端）2 477家，形成了完善的电子商务服务体系。利用电商助力脱贫攻坚，共建成46个贫困村电商服务站，辐射贫困人口7 380人。组织县内优秀电商企业和合作社参加各类交易会，拓宽销售渠道；对接中粮粮谷、阿里巴巴淘乡甜、中国电商扶贫联盟、中石化龙禹公司等大型企业，推介延寿大米打造品牌。制定电商脱贫扶持奖励政策，不折不扣落实到位；培养电商扶贫优秀实际操作人才，加快新媒体网络直播平台的建设与应用；创建电商扶贫示范主体，引导鼓励电商企业参与扶贫；引导县域电商企业进驻国内大型电商平台。

几年来，延寿县财政金融各业有了较快发展。2017年，公共财政收入实现31 067万元，其中税收收入26 361万元，非税收入4 706万元，金融资金稳健运行。2017年末，全县金融机构各项人民币存款余额达到626 253万元，金融机构各项人民币贷款余额达到301 972万元。全县实现社会消费品零售总额342 319万元，进出口贸易总额实现4 591.77万美元。

第四节 城乡建设日新月异

新中国成立后，延寿县坚持"山、水、林、田、路"综合治理的指导思想，加强城乡建设。同时加强各项配套设施的提档升级，使城乡建设加速发展。1976年，延寿县邮电局机务员孙纯玉研制出六百门螺簧式半电子自动电话交换机，填充了省内空白，改变了全省通讯的落后面貌，将全省电话交换自动化程度提高到90%以上。时任中国邮电部部长钟夫祥两次到延寿视察，对延寿县邮电局"一不等二不靠三不伸手向上要，自己动手变面貌"的精神给予高度评价。中国邮电部在牡丹江召开现场会，中央新闻电影制片厂录制成纪录片，向全国推广延寿县的经验。

近几年来，延寿县按照新型城镇化战略部署，以"五位一体"整体布局和"四个全面"战略布局为统领，坚持"一河居中，两岸同兴"的战略构想，以创建森林城市为目标，以蚂蜒河水系保护性综合开发为核心，牢固树立规划先行、精品城市、民生城建、城乡统筹、生态优先、精细管理的理念，重点统筹推进新城区开发、老城区改造和美丽乡村建设，全面打造宜居宜业的城乡环境，加快了美丽、富庶、文明、活力新延寿的建设。

高起点规划，城乡布局不断优先。坚持把新型城镇化建设作为统筹城乡发展的着力点和突破口，扩容增质，增强集聚辐射能力。深入落实国家、省市新型城镇化规划，坚持前瞻性原则，突出特色化导向，按照精品化要求，遵循城区南部景观休闲中心区、城区西部行政文化中心区、城区东部商贸物流中心区、城区北部文化体育中心区功能定位，完善城关镇基础设施和公共服务设施，提升中心城市的综合承载能力和辐射带动能力，启动县城区和乡镇中心区域建设规划，加快城市给排水、燃气、人防及城市绿地系统及城市道路、交通、通讯、管网专项规划。加快编制修订美丽乡村建设规划，加快实施全面覆盖、科学引导的城乡规划体系。

建设高标准，居业环境不断提升。近几年，强力推进老城区改造，对主城区重新规划，加大现代楼宇建筑，加强了路网、水网、热网、电网的建设，通过改造，把老城区建设成为基础设施配套、社会网络协调、空间布局合理、环境优美宜人具有北方特色的生态家园。县城中心区域和乡镇、村不断加大投入，实施城乡升级建设项目，重点对道路改造维修、市政设施维修、城市给排水管网建设、城市绿化美化亮化建设、桥梁扩建工程、地下污水治理工程、农村危房改造等建设，实现年年有投入、岁岁有变化。

以主城区为中心，借助蚂蜒河优势，新城向西和西北、西南延伸构筑经济开发区、行政办公区、产业集群区等功能完善、设施配套、综合竞争力强的新城。深入促进产城融合，加大经济开发区、蚂蜒河国家湿地地质公园、延寿县标、福山公园、继嘉公园、山河公园等公共休闲场所的建设力度，有效提升了市民的生活品质。城乡基本上实现了通路、通电、通水、通网、通邮，达到了绿化、美化、亮化标准，基础设施建设完备，投资环境日益优化，为县域经济发展创造了基础条件。城镇道路硬化率达90%以上，乡镇所在地道路硬化率达到100%，村屯主街路硬化率达到90%以上。通过多年来的开发建设，延寿中心城区住宅楼拔地而起。2017年，全县完成房屋建筑施工面积317 580平方米，商品房销售面积44 761平方米，其中住宅销售面积38 271平方米。全县完成邮电业务总量13 492万元，移动4G网络全区域覆盖，固网在全区域和庆阳农场覆盖。长途光缆线路总长度2 751公里，固定电话用户28 016户，移动电话用户182 777户。全县用电户9.86万户，售电量2.54亿千瓦时。

按照"布局合理、规模适度、特色鲜明、设施完善、产业配套、服务便捷、生态和谐"的原则，加快美丽乡村建设，着力打造以乡镇为中心，以省市新农村建设示范村为节点的地域特色。如：加信镇着力打造商贸重镇，延河镇着力打造特色经济强镇，六团镇着力打造现代农业大镇，中和镇着力打造特色食品集镇，玉河镇着力打造特色旅游名镇等。按照"一村一品"的原则，着力完善产业发展方向和基本定位，以产业发展带动农民就业，以促进就业转移农民、富裕农民，以转移农民推进房、路、水、电、气、热等配套设施建设，带动教育、卫生、社会保障等公共服务设施完善，加速人流、物流、信息流等城乡流动，逐步建成了一批独具特色的中心村。农村公路总里程1 046.54公里，9乡镇106个行政村通乡、通村率100%，各种运输方式共完成货物周转量35万吨公里，年完成旅客周转量354.96万人公里。

第五节　旅游经济稳步提升

延寿的养生旅游既有得天独厚的自然条件，又有极其深厚的人文旅游资源。几年来，延寿县依托独特的人文底蕴，"延寿"域名和自然禀赋，有效利用多种旅游资源，扩大区域旅游合作，深度开发系列旅游产品。建设旅游景区、景点和休闲度假基地，推出四季精品旅游线路和项目。打造特色养生文化旅游品牌，把旅游业培育成为重点产业，年实现接待游客30万人次。

主要旅游景点简介

长寿山风景区　位于延寿县城东南16公里处，是国家森林公园，国家AAA级景区，景区由长寿湖、石林石海、长寿村和长寿山庄数十个景点组成。巍峨挺拔的长寿山、灵动飘逸的长寿湖、鬼斧神工的石林石海、乡情浓郁的农家小院……这一幅幅连绵不断的画卷，一处处如梦似幻的景点，构成了长寿山风景区独特的旅游风光，散发着悠远深邃的气息和无穷无尽的魅力。

石林石海距延寿县城26公里，是长寿山风景区主要景点。石林属中生代时期地质结构，生成于2亿年前印支期，后经燕山和喜马拉雅山运动，形成了单面山花岗岩地貌景观。石林主峰海拔660米，主要由奇形树、骆驼峰、养生床、功德碑、寿星石、一线天、长寿灵芝、仙人观榜等数十处代表性景观组成。石海同属中生代时期地貌，占地2万多平方米，上吨重的圆石密密麻麻，相拥排列，或卧身海底，或屹立浪尖，石形灵动，灰褐相间，一眼望去似石浪倾泻而下，令人叹为观止。

长寿村位于延寿县城南16公里，毗邻长寿湖。2011年被评为哈尔滨市级旅游名镇。该村以新农村建设为契机，突出特色，统筹规划，建有生态采摘、餐饮服务、休闲垂钓、健身娱乐四个功能区。其中，采摘区大棚果20栋、裸地果100亩，餐饮区的高标准餐厅可同时容纳250人就餐，垂钓区占地40亩，健身娱乐广场达4 500平方米，绿化、亮化等基础设施完善，村容整洁，环境优美，绿树环绕，果实飘香。"农家乐"别具浓郁的乡村风情，是集生态观光、果品采摘、商贸物流、餐饮住宿于一体、远近闻名的生态旅游村。

鸡冠山位于长寿山风景区南部，距离县城25公里，面积为17平方公里，海拔为731米，鸡冠山因其远眺形似"鸡冠"，故取名鸡冠山。山顶陡峭险峻，峭壁如屏，有"恐龙坐观""雄鸡报晓"等原生态自然景观。

长寿山庄位于延寿县城东南26公里处。2013年被评为国家AA级景区,是哈尔滨市乡村旅游示范点。占地面积1 000余亩,建有浆果基地300余亩。标准钢筋骨架大棚20栋,有大棚葡萄、裸地葡萄、优质梨、李子、苹果等多个主栽品种,以及50多个辅助系列实验品种,是集采摘、观光、休闲、餐饮于一体的生态农业旅游胜地。

石城山公园 属于长白山系,位于延寿县城西北40公里处,总面积7.845万亩,为省级森林公园。园内林木葱郁,古树参天,山溪秀美,山花烂漫,天然石壁、石墙陡峭险峻,巧夺天工,巍峨壮观。山顶四周石壁如墙,中部平坦宽阔,恰似一座天然的石头城池立于山巅,极目远眺,无限风光尽收眼底。公园内野生动植物资源十分丰富,有珍贵树种60余种、药用植物260余种、国家级保护动物数十种,堪称野生动植物"博物馆"。此处也是张学良剿匪遗址所在地。

花砬山峡谷 位于延寿县城西北50公里处,占地7 500亩,五座高耸入云的石砬子,对峙而立,相连成峰,形成了宽500余米、谷深近百米、绵延数千米的天然大峡谷,峰高、谷深、色浓、壁绝、石奇,奇崖上分层叠加的生态森林与石壁交替掩映,色彩斑斓,绚丽多姿;"一线天""玉玺石""仙人洞"雄浑壮美,大自然的鬼斧神工让人叹为观止;望月峰崖壁上栩栩如生的戏顶石龟和攀岩石熊,已在此驻足了千万年,仿佛在向宇宙不停地传递着虔诚的生命信息,穿行于期间,仿佛置身五岳之中。

白顶山 位于石城山公园对面约2公里处,林木葱茏,泉水涓涓,绿荫如盖。山顶有2 000余米的白色巨石,在阳光照射下熠熠生辉,肩并肩,手牵手,沿山脊蜿蜒曲折,酷似人工雕琢的万里长城。山下有1 000亩天然核桃林、石头阵,恰似桃源仙境、五行八卦阵式，是自由纯净、不染世尘的原始画廊。

欣悦山庄 距延寿县城北17公里，2013年被评为国家AA级景区，是哈尔滨市乡村旅游示范点。占地6 600亩，森林覆盖率达95%以上，水面200余亩，亭、台、楼、阁别具一格，春夏林荫蔽日、鸟语花香，秋季野果、蘑菇、药材随处可觅，冬季滑雪场地人流不息。景区内宾馆、滑雪设施完善、服务一流，是四季休闲、观光、度假的理想之地。

翠岭山庄 位于延寿县东北部，距县城40公里，占地面积6 000亩。山庄内峰峦叠翠、古木参天、水肥鱼美、鸟语花香，南、北、中三个区域别具风格。苏州园林、古长城及日式园林等特色建筑绚丽多彩；亭、阁、楼、榭工艺精湛，匠心独运；城堡造型的星级客房彰显人文魅力；如山巨石飞泉流瀑，秀丽回廊曲折蜿蜒，水上餐厅、水上烧烤让人回味悠长。绝美的自然风光与人文要素相得益彰，身临其境让人心旷神怡、流连忘返，是避暑消夏、休闲观光、餐饮娱乐的佳境。

七华里风景区 距延寿县城约70公里，占地面积6 000亩。风景区内峰峦叠嶂，峭拔险峻，巨石叠加，巧夺天工。最高峰峰顶的巨石长10余米、高3米，形似犀牛望月，令人叹为观止。风景区内森林茂密，古树参天，多处山泉终年流淌，穿行其间甚有空灵之感，让人尽享人与自然的和谐之美。

蚂蜒河国家湿地公园 位于延寿县城南部的蚂蜒河沿岸，与延寿县城区相邻。整个公园以河畔湿地为中心，形成集多元素湿地于一体的生态康养公园。园内湿地资源丰富，类型多样，分别有永久性河流湿地、洪泛平原湿地、河心沙洲湿地、人工湿地、草本沼泽湿地、灌丛沼泽湿地等，湿地总面积为3 633亩，湿地率为64.29%，素有"延寿之肺"之美称。

延寿公园 位于延寿镇西南新区段，总占地面积342亩，是蚂蜒河国家湿地公园的核心景区，总体设计为"养生文化主题公园"，整体框架以"鹤形寿字"南北拉开，是集休闲、娱乐、健身、集会为一体的城市公共开发空间集群，是延寿县城市形象的标志性区域。

山河公园 引蚂蜒河水，依山河灌渠县城过境段而建，以水为脉，秉承自然，形成了独具特色的城市内河生态景观。山河公园全长7 100米，占地面积690亩，仿古凉亭、体育器材、健身广场、文化景观小品、大众舞池、停车场等一应俱全，是县城居民晨练、散步、休闲、观光的重要场所之一。

第六节　社会事业全面发展

一、教育事业均衡发展

改革开放后，延寿县教育事业走上了改革与发展的快车道。主要经历四个阶段："七五"期间，发展幼儿教育，抓紧初等教育，逐步实行九年制义务教育。"八五"期间，大力发展职业教育，深化农村教育体制改革，实行普通教育、职业教育和成人教育的三教统筹和教育外部的农、科、技一体化，努力培育为振兴延寿经济服务的适用人才。到1995年，毕业率达92%，学龄儿童入学率为99.9%。"九五"期间，全县中小学已达到144所。"十五"期间，加快全县中小学布局结构调整，进一步巩固义务教育成果和普及高中教育，到2005年，全县基础教育总体水平已达到哈尔滨市中上等水平，实现各级各类教育协调、健康、快速发展。全县已基本普及九年义务教育，基本实现城镇学前两年教育，农村学前一年教育。全县高中入学率达35%。

近几年，全县加大了对学校校舍的建设投入，累计投资

5 000余万元对中小学教室、教学楼、食堂等进行新建、改建、扩建和维修，新建了延寿镇中心小学，使之成为全县第一所高标准的小学。特教中心、中心小学、安山小学顺利通过省级化学校验收。2017年，全县共有中小学56所，其中普通高中3所、普通初中14所、普通小学37所、中等职业教育1所、特殊教育1所。在校生17 798人，其中高中在校生2 586人、初中在校生5 049人，初中入学率达100%；小学在校生10 038人，入学率达100%。

主要学校简介

延寿县第一中学　始建于1927年，原名吉林省同宾县立中学校，1928年9月1日，正式招收第一班学生，校长为孙骥展。日伪时期，学校几经迁址几经停办。1946年1月延寿解放，4月初民主政府接管了中学，并改名为松江省立第三中学，学校继承解放区时的办学传统，坚持课堂教学的同时开展大生产活动，学生边学习边劳动，随时参军和补充政府部门工作人员。1954年，松江省与黑龙江省合并，1955年，学校改名延寿县中学，1968年改名延寿县第一中学。2008年7月迁往位于延寿县延寿镇省级经济开发区的新校址。全校现有38个教学班，在校学生2 000余人，教职工172人。校区占地89 900平方米，建筑面积26 363平方米，整个校园布局合理、鲜花盛开、绿树成荫，各种建筑与树木相映成趣，和谐、自然、优雅的校园为学生提供了良好的学习、生活环境。学校始终秉承"以人为本，以质取胜，为学生终身发展奠基"的办学理念，以"明德厚学，自强不息"的校训示人。与北京第四中学建成合作网校，并与哈尔滨第三中学、哈师大附属中学、哈尔滨第一中学结成友好学校。设有理、化、生通用技术实验室8个和微机室等12个功能馆室。学校图书室藏书达15 000册，有百兆校园网络，外光纤连接因特网，办学条件达到省一类学校标准。高考一表、二表入线率连续多年达到15%和55%以上，清华大学、人民大学、复旦大学、南开大学等都有延寿学子的身影，学校荣获全国特色学校、全国素质教育先进示范校、全国教育教学管理创新示范学校、哈尔滨市示范高中等荣誉称号。

延寿县第三中学 是一所县镇普通初级中学，位于延寿县延寿镇北天顺路8号。始建于1972年，学校占地25 506平方米，建筑面积9 437平方米。学校现有24个教学班，1 200名学生，115名教职工，专任教师107人，学历达标率100%，高级教师22人，一级教师41人，各级各类骨干教师32人。延寿县第三中学坚持"办师生共同发展的教育"的办学思想，遵循"以人为本、追求卓越"的办学理念，以"终身学习、全面发展"为办学宗旨，以"知行合一、止于至善"为校训，形成了"团结、进取、拼搏、创新"的校风。以德育为重点，贯穿爱国主义教育；以教学为中心，坚决向课堂要质量。积极实施新课程改革，严格教学常规管理，对学生进行全面素质评价。2019年考入高中266人，升学率居全县初中之首。

40年的励精图治，学校在校园建设、学校管理、教育教学质量等诸多方面都有了长足的发展，得到社会各界的认可，先后被评为：教育部中央教育教学研究所新课程师资培训课题学习型学校、黑龙江省首批"两全"先进学校、黑龙江省改善办学条件先进学校、黑龙江省级文明单位、黑龙江省实验教学先进学校、黑龙江省教育科研先进单位、黑龙江省"三大工程"先进集体及黑龙江省绿色学校等。

延寿县第四中学 始建于1989年，是一所省级一类全日制初中学校、中国西部教育顾问单位。占地面积24 482平方米，总建筑面积9 760.24平方米。

建校30年来，在历任5位校长的带领下，不断谋划长远发展，学校不断发展壮大。教职工人数由建校初期的25人，增加到现在的108人，学生由不足200人到现在的1 177人，教学班从4个增加到24个。学校现有市级骨干教师11人，本科学历90人。学校配备了云课堂教室、理化生实验室、图书阅览室、心理咨询室和档案室等20多个功能馆室，各班级配置了电子白板及液晶电脑，各教师办公室都配备了微机，实现网络全覆盖。学校秉承"奠学生发展之基，铺教师成长之路，树学校精品之牌"的办学宗旨和"愉悦教学，快乐成长"的办学理念，不断加强校园文化建设，提升师生的综合素质。在教学上走"请进来，走出去"的办学之路，教育教学质量稳步提升。同时，通过开展"推门听课"、召开家长会等活动提升学生的综合素质。

学校先后荣获国家级学校心理素质养成教育研究实验单位、黑龙江人应该知道的20所"教育教学质量过硬，学生、家长、社会满意学校"、省级教育系统先进集体、哈尔滨市教师综合素质示范学校、哈尔滨义务教育课程改革先进集体、哈尔滨教育系统"三育人"工作先进集体等荣誉称号。

延寿县朝鲜族中学　位于延寿县延寿镇西同庆街朝中胡同5号。成立于1956年7月，是一所全日制完全中学，分为初中部、高中部。

学校占地23 146平方米，教学设施齐全，有15个各种功能馆室，并备有45台计算机、11 400册图书，各功能馆室所需器材均按照省级标准配备。现有教学班17个，初中部有11个教学班，高中部有6个教学班，在校生718名。学校现有教职工70人，其中高级教师8人、一级教师19人、二级教师38人、市县级骨干教师21人。学校以"一个目标，两个特色，三个实现，四个坚持，五个发力"为工作重点，以"守规矩、懂礼仪、有爱心、会学习"为办学理念，关注每一个孩子的成长，以"求真、务实、敬业、奉献"为教风，立足于课堂教学，改革教学模式，提倡学科核心素养，开齐开足开好课程，进行有效性教学，力求打造社会认可、家长信赖、学子向往的区域性品牌学校。素有"礼仪之邦"美誉的朝中人，在长期的民族教育实践过程中悟出了学生成长的需求，悟出了教育的终极目标，始终倡导民族礼仪文化，开展民族礼校本课。保留民族特色，开展滑冰比赛、雪地足球等传统民族文化体育训练。形成传承民族文化，加特长培养的办学模式，同时兼顾学生三语教学，促进学生全面发展。

延寿县职业技术教育中心学校 其前身是延寿县第一职业中学，先后并入五七大学、少年宫、农建校、农业高中、第二中学、高台中学等6所学校，1994年改称延寿县职业技术教育中心学校。2014年8月搬迁至延寿县延寿镇省级经济开发区南泰山路6号。校园占地25 000平方米，校舍建筑面积7 035.84平方米。教职工67人，其中省市级教学能手3人、教学新秀2人、市级骨干教师10人，在校生311人。学校开设数控技术应用、计算机应用、会计、农村经济综合管理、现代农艺技术、电子商务、汽车运用与维修7个专业。除进行学历教育外，延寿县职业技术教育中心学校还承担全县社区教育、老年教育、职业技能短期培训等。技能教学成绩突出，2018年在黑龙江省航模系列锦标赛中取得一等奖1个、四等奖1个、五等奖2个、六等奖2个的优异成绩；在哈尔滨市中高职学生创业计划大赛上，"织缘草编手工艺品"创业团队获得全市第一名的优异成绩；7名教师的论文分别在国家、省、市刊物发表或交流并获奖。

哈尔滨广播电视大学延寿分校 位于延寿县延寿镇北吉盛路80号，是以现代信息技术为支撑，办学网络立体覆盖全县城乡，学历与非学历教育并重，面向全体社会成员开展现代远程教育的一所没有"围墙"的新型大学。1979年3月9日，黑龙江广播电视大学延寿工作站成立，主管副县长王敏任站长，行政隶属延寿县人民政府。同年9月1日，招收9名学生的数学大专班在借用县少年宫15平方米教室、没有专职教师的情况下，利用广播电视开始了艰苦的办学之旅，揭开了延寿县成人高等教育及远程开放教育发展的新篇章。1990年3月11日，经黑龙江省教委批准更名为黑龙江省广播电视大学延寿分校，简称延寿电大。1996年松花江地区与哈尔滨市合并，1997年3月25日，黑龙江广播电视大学延寿分校更名为哈尔滨广播电视大学延寿分校，行政隶属延寿县教育局。2012年6月，教育部批准在中央广播电视大学基础上建立国家开放大学。目前，国开、电大"一个机构、两块牌子"合署办公，标志着延寿广播电视大学在新的历史起点踏上了新的征途。

办学40年来，延寿电大从借用教室、没有专职教师的创业阶段，自有300平方米教学办学平房、3名专职教师的成长阶段，发展成了拥有100兆校园网、1 800平方米教学楼、13名专职教师及43名高级人才的高标准的成人高等教育学校，以计算机网络为主体开展中专、大专、本科，理工、文史、语言、医学、农林等专业，独立办学的现代远程教育。目前在校学生431人，累积毕业学生4 375人。其中2%的毕业生成为处级以上领导干部；73.76%的毕业生"留得住、用得上"，成为发展县域经济的行业骨干。毕业生中出现了"全国十佳农民""五一劳动奖章"获得者、"全国妇女代表"、省市县"党代会""人代会"代表等。学校先后获得哈尔滨市教育系统先进单位、哈尔滨电大系统招生先进单位等荣誉。

延寿县延寿镇中心小学　是一所百年老校。始建于光绪二十二年（1896年），成立之初为长寿县官立两等小学堂，1912年改名为长寿县两等小学校，1915年改名为第一高等小学校，1937年改称为公安国民优级学校，1966年改名为育红小学，1994年12月更名为公安小学，2005年更名为延寿镇中心小学。2014

年8月搬进新校舍，学校位于延寿县延寿镇省级经济开发区黄河路。

学校占地面积39 493平方米，建筑面积15 609.53平方米。操场占地面积15 000平方米，400米塑胶跑道，绿化面积5 000平方米。

学校食宿楼3 907.14平方米、实验楼4 747.35平方米和教学楼6 955.04平方米，政府总投入5 800多万元。共有46个教学班，1 969名学生。

教职工116人，其中省级骨干教师4人、省级教学能手4人。学校坚定"以学生为本、为学生服务"的教学理念，发挥教师的主导作用，使学生文化、心理、品质、人格各方面的素质得以全面健康的发展，六年级升学水平测试成绩连续4年居延寿镇各小学之首，被评为黑龙江省标准化先进学校。

延寿县新华实验小学　位于延寿县延寿镇西新华街8号，始建于1962年7月，1966年更名为文革小学、东方红小学。1982年1月更名为延寿县新华实验小学。为全县"注音识字提前读写"实验工作的普及做出了突出的贡献，被确定为省级重点小学。1992年2月，按照"办规范加特色学校，育合格加特长的学生"办学方针，全面实施素质教育，为全县小学教学发挥了引领、示范、辐射作用。学校现有34个教学班，学生1 666人，教职工84人，其中专任教师80人，学历达标率100%。学校占地面积12 700平方米，建筑面积7 594.8平方米，有12个功能室。体育运动场地10 000平方米，平均每生6平方米，为实现学生在校阳光体育一小时提供了有力的保证。学校实现了班班通，建设了校园局域网，接入互联网宽带100兆，教师可以直接使用班班通课件教学。学校在改善办学条件的同时，注重师德师风建设，党的建设、教育教学工作、德育工作、家校共建、校园安全建设和校园文化建设，各项工作齐头并进，推动学校整体工作的全面提升。获得国家生态德育课题实验基地、黑龙江省教育系统先进集体、黑龙江省小学语文教研中心、黑龙江省全面贯彻教育方针、全面提高教育教学质量先进学校等荣誉称号。

延寿县延寿镇胜利小学　始建于1977年7月，定名为延寿县延寿镇胜利小学，亦称第四小学。40年来，学校在10任校长的带领下，从无到有，不断发展壮大。从只有100余平方米砖瓦结构平房，10余名教师，200余名学生，发展到目前拥有3栋教学楼，教师78人，24个教学班，在校学生1 037人，并设有美术教室、综合实践活动室、科学实验室、图书阅览室等9个功能教室，是一个具有全新教育理念的标准化合格小学。学校占地面积14 000平方米，建筑面积5 110平方米，操场面积7 000平方米，为学生的健康成长营造了良好的环境和空间。

学校以坚持教育均衡发展，推进教育公平，争创人民满意学校为办学理念；以打造书香校园、文明校园、平安校园、教学质量优质校园为工作方向；以增强校园文化内涵为抓手，以促进学生健康发展为目标，全力推进校园文化建设。组织教师编写了《文明礼仪》《国学经典进校园》《诗意校园》等校本教材，开展了校本特色课程和经典诵读两个特色项目，丰富了学校文化内涵，全面提升了学生综合素质。被授予全国群众体育先进单位、黑龙江省改善办学条件先进单位、黑龙江省师德建设工作先进集体、黑龙江省百万青少年上冰雪活动先进单位、黑龙江省安全和谐校园。

延寿县延寿镇东风小学　始建于1950年，定名同庆小学。1966年校址迁至延寿镇东风路，因此更名为东风小学。

多年来，东风小学全面贯彻党的教育方针，大力推进素质教育。本着"快乐童年，多彩人生，以人为本，为学生发展奠基"

的办学理念，努力打造"文化浓厚、管理科学、队伍优化、特色呈现"的标准化小学。学校占地面积13 152平方米，现有在校生1 201名，在职教师75人，其中本科学历20人，高级教师8人，一级教师59人，哈尔滨市级骨干教师15人。

全校教师精诚团结，努力工作，结合学校实际大胆开拓、勇于创新。在教育教学、科研工作、改善办学环境等方面都取得了可喜的成绩。学校先后被评为省级百万青少年上冰雪活动先进单位、省级绿色学校、省级交通示范学校和市级标准化小学、市级一类小学、规范化教学优秀学校。

延寿县延寿镇同安幼儿园　位于延寿县延寿镇西红星街。成立于1956年，是延寿县教育局直属全日制公办幼儿园，哈尔滨市级示范幼儿园。1960年更名为延寿县机关幼儿园。1980年5月更名为延寿县教育实验幼儿园，由县教育局直接领导。2012年9月更名为延寿县延寿镇同安幼儿园。建筑面积2 926.27平方米，户外活动场地8 000平方米。目前，幼儿园有8个班、230名儿童，教职员工35人，实现了园舍环境新颖优美，现代化教学设施齐全，为幼儿创造了良好的生活和学习环境。幼儿园始终坚持党的教育方针，以"健康育人，育健康人"的办园理念，以"构建和谐园所，拥有幸福未来"为办园目标，坚持保教并重，不断优化办园条件，打造优秀师资队伍，建构适宜的课程内容，实施丰富的教育活动。在不断改革和创新中，办园质量和声誉不断提高，幼儿园先后被评为省科研科普先进单位、省级绿色幼儿园、哈市幼儿教育先进集体。

二、医疗卫生全面改善

新中国成立后，延寿县把"三大地方病"治疗与防治工作作为提高全县人民身体健康素质的重点工作来抓，投入大量的医务力量和财务力量进行预防和治疗。全县各区陆续建立卫生所，各村建立卫生所或卫生室。1950年1月，成立卫生工作者协会延寿分会，负责对全县医务人员进行培训、考核和药检工作，协助县政府办理卫生行政事务。

延寿县是"三大地方病"的重灾区，导致全民身体健康状况极差。

克山病发病快，死亡率高。大骨节病致人关节肿大，四肢伸不直，走路左右摇摆，严重影响生产生活。当时流传着一个顺口溜："大脚跟，鼓脚心，豪豪屁股拧腔锤，一看就是延寿人。"就是对此真实的写照。甲状腺病俗称粗脖根病，主要威胁女性。县委、县政府采取就医、改水、加碘、免费预防接种等方法，有效地预防和治疗"三大地方病"，并掀起全民爱国卫生运动，组织培训1 687名防疫人员，成立医疗小分队深入全县农村进行巡回医疗。出刊《爱国卫生报》，建立爱国卫生公约及疫情报告制度，并决定每周六下午为全民卫生日，全县12万人全部注射了"五联"疫苗。巩固了治疗效果，到20世纪50年代初，"三大地方病"基本得到控制。全县达到急性克山病不死人，甲状腺患者由原来的1 000多例减少到90多例，大骨节病完全杜绝，全县人民过上了健康幸福的生活，随着预防和治疗力度的加大，逐步根治了"三大地方病"。

改革开放以后，延寿县以人民健康为核心，建立了覆盖城乡的突发公共卫生事件应急、疾病预防控制、食品卫生安全等公共卫生服务体系，实施了疾病预防控制规划、计划免疫规划和严重危害人民健康公共卫生问题的干预措施；根据实际情况落实应对人口老龄化政策措施，推进老年健康服务体系建设和医养结合工作；实施国家药物政策和基本药物制度；监督管理职业卫生、放射卫生、环境卫生、校园卫生、公共场所卫生和饮用水卫生等公共卫生,使全县医疗条件得到全面改善。1985年延寿县被黑龙江省政府评为灭鼠先进县。2017年,全县共有卫生机构147个,卫生机构床位1 019张,卫生技术人员846人。建立9个服务周到、群众满意的乡镇卫生院。全县有养老机构1个,床位1 250张。城镇各社区服务机构24处,其中社区服务中心12个,社区服务站12个。

重点医疗机构简介

延寿县人民医院　前身是1947年10月,松江军区第三后方医院迁往汉口,留下5人成立延寿县诊疗所。是年,西医内科医师张铁鸣、外科医师吴德成、妇产科助产士张子儒、牙科医师许殿云等医生合并到延寿县诊疗所,改名延寿县大众医院。1948年5月,大众医院与延寿堂合并,更名为县立医院,设内科、外科、妇科、牙科。1953年至1956年,县城内的职工医院相继并入县立医院,更名为延寿县卫生院。1957年至1966年,更名为延寿县人民防治医院。1970年更名延寿县人民医院,现位于延寿县延寿镇西同庆街365号,是集医疗、急救、教学、科研、预防、保健、康复于一体的综合性医院,2011年被评定为二级甲等综合性县级医院。是延寿县医疗中心、120急救中心、人寿保险指定医院及司法鉴定指定医院。总占地面积33 118平方米,建筑面积24 387平方米。

全院共设科室44个,临床与医技专业50个。编制床位320张,开放病床310张。医院实有人数489人,其中卫生专业技术人员361人。医院医疗设备齐全,有1.5T磁共振等400多台套。医院与哈医大一院、哈医大二院、哈医大附属肿瘤医院、哈市第一医院、省医院、省中医医院、哈市传染病院等8家三甲医院结成医联体,建立协作关系,开展远程医疗、远程会诊、远程培训、知名专家会诊、手术、讲学等,使患者足不出县就能得到三甲医院专家高水平的诊疗。建立120急救指挥中心，做到车辆、人员、设备、技术、制度五配套，使120急救绿色通道更加完善和顺畅，保证24小时随时出诊和服务的及时、快捷、安全、高效，提高了应对突发医疗事件能力。确定普通外科等为重点建设专科。充分发挥内科、儿科、妇产科等科室在全县的技术领先优势，大力开展技术创新。被省卫计委确定为县级危重孕产妇救治中心和县级危重新生儿救治中心。

延寿县中医院　始建于1962年，是一所集医疗、预防、保健、康复和健康教育于一体的二级甲等中医医院。医院占地面积3 200平方米，建筑面积6 813平方米。医院现有职工178名，专业技术人员136名，正高级专业技术人员8人，副高级专业技术人员27人，中级职称44人，开放床位165张，设有临床、医技、职能等21科室。其中肛肠科、中医脾胃病科、针灸科为知名专科，中医科、骨伤科为特色专科。拥有彩超、16排CT、等一批大型医疗设备。能开展腹腔镜微创手术及关节置换术等高难度手术，与哈医大附属各医院、黑龙江省中医药大学附属医院及市中医院建立了广泛的业务联系，为首批指定"龙江医派工作站"。医院拥有一支高素质的干部职工队伍和一个团结奋进、真抓实干的领导班子，全院职工不辞艰辛，执着追求，经过多年的发展，现在各科室、设备、功能齐全完善，承担社会各项医疗服务和急诊急救工作和中医、中药、针灸、理疗治疗、研究和普及工作。被确定为延寿县职工基本医疗保险定点医院、新型农村合作医疗定点医院、延寿县贫困职工医疗定点医院、中国太平洋保险公司定点医院、中国人民保险公司定点医院及中国人寿保险公司定点医院、交通事故定点医院。

延寿镇卫生院　始建于1956年2月，始称庙胡同延寿县联合诊所，1958年1月更名为延寿镇卫生院，位于延寿县延寿镇西新华街43号。承担全镇医疗、预防、保健、康复、健康教育等医疗服务工作。卫生院占地面积1 908平方米。共有职工82人。其中副高职称7人、中级职称19人、初级职称19人、执业医师28人、注册护士16人。设有门诊、住院部和防保站三个功能区，设内科、外科、儿科、妇产科、中医科、口腔科、检验科、放射线等临床和技术科室，拥有CR、彩超、心电仪、全自动生化仪、监护仪、心脑除颤器等医疗辅助检查设备，编制床位43张。卫生院以群众对医疗卫生服务需求为导向，以强化基本医疗和公共卫生服务为落脚点，以创建群众满意乡镇卫生院为目标，积极开展各项载体活动，不断提高服务质量和水平，医院的经济效益和社会效益不断提升。2015年被评为国家级群众满意乡镇卫生院。为加大对村卫生室一体化管理力度，2017年对全镇所辖17个行政村卫生室进行升级改造。目前，拥有16所"四室一房"60平方米的标准化卫生室，各村卫生室还分别建立了贫困人口大病救治台账、慢病签约台账、患者长期用药台账等，群众满意度不断提升。

延寿县疾病预防控制中心 成立于1956年10月，名为延寿县卫生防疫站。2005年5月机构变更为疾病预防控制中心和卫生监督所。位于延寿县延寿镇西同庆街234号，占地面积3 700平方米，建筑面积2 290平方米，内设14个科室，现有职工52人。承担全县疾病预防与控制、突发公共卫生事件应急处置、疫情报告及健康相关因素信息管理、健康危害因素监测与干预、实验室检测分析与评价、健康教育与健康促进、技术管理与应用研究指导等项工作。近几年，延寿县疾控中心通过积极实践，探索出了一条依托本土养生文化，倡导全民健康生活方式、综合防控慢性病的特色创建之路。慢性病综合防控示范区，得到了原国家卫计委的高度认可，2014年被列入国家级慢性病综合防控示范区；2015年黑龙江省人感染高致病性禽流感应急处置演练在延寿县举办，充分肯定了延寿县重大传染病疫情防控工作成绩。多年来延寿县始终保持疫情平稳的态势，受到各级领导和群众的充分认可和好评。

三、文化体育蒸蒸日上

新中国成立后，延寿县的文化事业得到蓬勃发展。1948年建立东北书店延寿分店，发行解放区出版的各种进步书刊；成立文化服务队，深入农村建立农村图书馆；组建文艺宣传队，配合"土改"、反奸除霸自编自演小型节目；成立业余剧团，演员利用休闲时间结合政治运动和支援前线演出短小精悍的节目。1964年，延寿剧团被授予"全国红旗剧团"称号，进京演出，受到周恩来总理接见。改革开放后，采取转制、改制、合并等方法和措施，鼓励"百花齐放、百家争鸣"，坚持以广场文化活动为龙头，带动社区文化、村镇文化、校园文化和企业文化的广泛开展，形成了县、乡、村三级群众文化活动网络，各种文艺、文化形式逐步兴起，群众文化活动蒸蒸日上。坚持25年送戏下乡，年平均3次；连续20年开展大型室外露天广场群众文化演出活动，平均年演出时间15天；连续5年开展"全民健身、健康延寿"群众性系列体育活动，丰富了广大群众文化生活，增强了体质和素质。2017年，全县共有艺术表演团体17个、群众文化馆1个、公共图书馆1个、博物馆1个、档案馆1个，全县电视综合人口覆盖率达90%。

主要文体场馆简介

延寿县体育中心　原名延寿县体育场，是全县人民群众开展体育健身活动的主要场所。位于延寿县延寿镇东环北街与北吉盛路交叉口，始建于1978年，1979年10月竣工。1999年进行第一次维修改造，新建600平方米的综合楼，并将体育场更名为延寿县体育中心。

2010年县政府出资875万元，对体育中心进行了改扩建，拆迁民宅8户，征地近5 000平方米，新建14个球类场地及可停放45辆中小型汽车的停车场。改造后的体育中心，占地面积4.6万平方米。2019年5月，延寿县文旅局在体育中心田径场原有基础上进行第三次维修改造，项目投资870万元，铺设8条周长400米标准塑胶跑道10 000平方米，内设标准足球场地一个，铺设人工塑胶草坪7 000平方米，新建跳远、跳高、铅球场地，更新看台观众座椅4 520个，配备灯光、音响等相应的配套服务设施。整体改建工程于2019年9月末竣工交付使用，是广大群众娱乐、健身及文体活动的主要场所之一。

延寿县文化馆　位于延寿县延寿镇东同庆街58号，成立于1949年，始称延寿县人民文化馆，1953年，更名为延寿县文化馆。1969年，更名为毛泽东思想宣传站。1972年，改称为社会文化指导站。1974年，恢复延寿县文化馆名称。延寿县文化馆为公益事业单位，承担着全县群众性文化活动的组织、实施，文化艺术的创作、辅导，骨干培训及民间艺术的发掘、整理等工作。馆内设置有文艺创作部、辅导部、活动部、延寿县非物质文化遗产保护中心等机构。延寿县文化馆坚持常年开展各类文化活动。每年元旦、春节、元宵节、八一、十一等重大节日举办大型文艺演出活动不低于6次，每年坚持举办各种广场文化活动达100余场。全年举办各类展览6次以上，组织学术交流活动2次以上。在省、市各类赛事活动中获奖20多项。现有馆办文艺团队12个，并坚持经常组织馆办团队到乡镇、社区、工厂、敬老院、驻军等地演出，平均每年演出达30场以上。年平均辅导业务骨干3 000人次，从而带动了全县校园文化、企业文化、军营文化、老年文化的蓬勃开展。深入基层搜集整理大量民间文化遗产珍贵资料，并已成功申报省级非物质文化遗产名录2项，市级非物质文化遗产名录3项，先后公布县级非遗名录25

项，共收集非遗线索2 500余条。2011年延寿县文化馆获"国家一级文化馆"称号。

延寿县图书馆成立于1975年7月，位于延寿县延寿镇北天顺街11号，对外开放，馆内面积1 769平方米。内设综合阅览室、外借处、电子阅览室、采编室、少儿阅览室、自习室、信息咨询室等对外服务窗口。环境清新，优雅舒适，文献资源丰富，是搜集、整理、保管和利用文献资料向社会公众提供图书阅读的综合性服务机构，是县文旅局的基层事业单位。图书馆不断适应县域经济的发展需要，以服务经济建设为中心，以提高城乡人民群众的思想道德和科学文化素质为己任。始终坚持"读者第一，服务至上"的宗旨，努力把图书馆办成"社会的信息枢纽和人民的终身学校"，真正成为科教兴国和精神文明建设的重要文化基地。2010年，图书馆文化信息资源共享工程落成，全县106个行政村全部加入覆盖全国的三级网络，并建成106个支中心，加快文化信息传播速度，让全县广大群众能够及时分享到文化精品的魅力，陶冶情操。2013年被评为国家县级三级图书馆。馆藏图书8.6万余册，其中纸质文献8.56万余册，其他文献400册，期刊200余种，报纸15种。图书馆全年365天对外免费开馆，年书刊总流通114 687人次，书刊外借212 824册。每年平均举办讲座、展览、培训、阅读、推广等读者活动17场次，参加人数90 759人次。

第七节　脱贫攻坚取得决定性成果

近年来，延寿县始终坚持把脱贫攻坚作为头等大事和第一民生工程，按照"11677"总体工作思路，坚持扶贫工作日、联席会、督办考核、干部包保等有效工作机制，落实就业帮扶、扶贫搬迁、医疗救助、保障兜底等脱贫措施，做到专项扶贫、行业扶贫、社会扶贫三位一体，形成多点发力、各方出力、共同给力的工作格局。完善县乡村三级脱贫攻坚规划。突出产业扶贫，集中推进"一村一品"产业项目12个。坚持创业与脱贫攻坚联动，推进大众创业万众创新，完善创业政策，搭建创业平台，培育创业带头人，形成农民创业加快发展新格局。投入资金3 000万，实施贫困村道路硬化项目。实施"雨露计划"，为200名中高职贫困学生每生每年提供3 000元补助。落实小额意外保险政策，为2.6万符合条件建档立卡贫困人口提供小额意外保险。加大金融支持力度，落实贫困户扶贫小额信贷政策。加大贫困户危房改造力度，完成改造1 116户。加大督办考核力度，增加脱贫攻坚工作在年度目标责任考核中的比重，严格兑现奖惩，全面完成14个深度贫困村整村出列和10 807名贫困人口脱贫任务。

围绕绿色食品、亚麻纺织、医药制造、康养旅游四大主导产业，累计投入资金3.9亿元推进扶贫开发，构建"大产业支撑有力、小项目星罗棋布"的产业扶贫格局。2018年，实现35个贫困村精准出列，6 648户、13 406名贫困群众满意脱贫，贫困发生率降至1.94%。而在带动扶贫方面，延寿县以产业项目为抓手，坚持依托龙头企业、资源特色、市场需求和村户特点定产业，确保项目准、能增收、可持续。主要发展：食用菌产业，建成食用菌标准化示范小区16个、大棚350栋，推进水稻育苗大棚综合利用277栋；光伏产业，建成村级光伏电站40个，年发电量达到5.31兆瓦；肉鸡养殖产业，建成7个标准化肉鸡养殖小区，年出栏肉鸡达到350万羽；电商产业，全县电商企业发展到26家、网店1 200家，村级服务站发展到84个，其中贫困村36个；特色种养产业，发展了沙棘、鸭稻米、巴马香猪、小杂粮、水磨食品、笨榨油等一批"种养加"特色产业，产业辐射带动实现多点发力；庭院经济，搭建订单农业平台，鼓励贫困户利用房前屋后种植蔬菜，饲养本地鸡、鸭、鹅、猪、牛等，有效增强贫困户脱贫增收的内生动力。

第六章　建设新时代中国特色社会主义延寿

第一节　延寿老区走进新时代

　　党的十八大以来，中共延寿县委、县政府深入学习贯彻习近平总书记系列重要讲话精神和治国理政新理念新思想新战略，按照中央和省、市的战略部署，牢固树立"创新、协调、绿色、开放、共享"发展理念，以"五位一体"总体布局和"四个全面"战略布局为统领，把脱贫攻坚作为头等大事和第一民生工程，坚定地实施产业发展、改革创新、社会治理、城乡建设、民生福祉"五大升级"发展战略，着力深化改革扩大开放，着力推动创新转型发展，着力强化法治维护稳定，着力改善民生补齐短板，着力从严治党规范党内政治生活，决战脱贫攻坚、决胜全面小康，取得了脱贫攻坚、乡村振兴阶段性胜利。

　　延寿县地处哈尔滨、牡丹江、佳木斯三市"两小时经济圈"核心区，自然条件优越，自然资源丰富，为经济和社会发展创造了有利条件。进入中国特色社会主义新时代，为延寿老区发展注入新的发展机遇和发展活力，老区发展优势明显，发展前景广阔。近年来，延寿县委县政府坚持一产瘦身调结构、二产强身壮筋骨、三产靓身增活力的产业发展思路，着力推进"工业强县、农业强县、生态强县、文旅强县"进程，坚持运用"三长三短"辩证法，以绿色食品、亚麻纺织、医药制造、康养旅游四大主导产业为重点，突出抓好产业项目建设，推动一二三产融合发展、高质量发展，努力走出了一条新时代振兴发展的新路子。

第二节　指导思想

以马克思列宁主义毛泽东思想、邓小平理论、"三个代表"重要思想、科学发展观和习近平新时代中国特色社会主义思想为指导，牢牢把握发展这个第一要务，按照"实施新战略、打造新优势、推动新发展、建设新延寿"的总体要求，深入实施"四兴"发展战略，全面推进"五力提升"，更加突出工业强县、城乡建设、民生改善，更加突出项目建设、招商引资和财政增收，进一步解放思想、创新发展，超越自我、创先争优，扎实推进经济建设、政治建设、文化建设、社会建设以及生态文明建设和党的建设，着力提高经济实力、民生质量和文明程度，全面完成"十三五"规划，为实现"建设民生事业强县、打造特色产业名城"发展目标，推动延寿更好更快更大发展，为建设经济繁荣、设施完善、环境优美、社会文明、人民幸福的新延寿而努力奋斗。

第三节　发展理念和目标

立足自身实际，置身发展大局，进一步深化对县情的认识，科学分析延寿发展的现实基础、资源禀赋、比较优势和阶段性特征，确立了把延寿建成"特色产业的新生力量、统筹城乡的重要节点、民生事业的先进地区、养生文化的旅游胜地"的发展定位，提出了"实施新战略、打造新优势、推动新发展、建设新延寿"的总体要求，制定了"兴产富县、兴园强工、兴水拓城、兴业惠民"的发展战略，确定了"建设民生事业强县、打造特色产业名城"的发展目标，科学规划了当前及今后一个时期延寿发展的总体思路和宏伟蓝图，进一步顺应了新形势新任务要求。

"决战脱贫攻坚、决胜全面小康"总目标。到2018年末，经济社会发展取得重要阶段性成果，经济持续健康发展，产业结构明显优化，民生质量明显改善，贫困群众、贫困村按计划如期脱贫，摘掉贫困县帽子；到2020年，巩固提高脱贫攻坚成果，全面收官"十三五"，与全市人民一道迈入全面小康社会；到2021年末，全县经济建设、政治建设、文化建设、社会建设以及生态文明建设和党的建设实现重大突破，群众生活幸福指数明显提升。具体目标是：打造更具实力的新延寿。到2021年，全县地区生产总值年均增长7.5%；固定资产投资年均增长12%以上；地方公共财政预算收入年均增长16%以上；规上工业增加值年均增长5%以上；万元GDP能耗年均下降3.2%左右。

打造更具活力的新延寿，一、二、三产业结构调整为27.2：29.2：43.6，第一产业比重持续下降，第三产业比重大幅提升。招商引资150亿元以上，其中引进超亿元项目25个以上。实施重点建设项目1 000个左右，完成投资190亿元左右，其中超亿元项目12个左右。外贸进出口总额年均增长7%。重点领域和关键环节改革取得实质性进展；打造更加宜居的新延寿，城镇化和城乡一体化进程明显加快，城乡规划、建设和管理水平显著提高，老城区改造和新城区建设全面推进，县城载体功能不断增强，特色品位更加鲜明，充分彰显养生文化底蕴和现代文明城市气息。生态环境持续改善，森林保有量不断提高。自然生态系统得到切实保护和修复，空气质量、流域水质保持优良。绿水青山就是金山银山的理念深入人心，生态建设的经济效益和社会效益更加明显，打造更加幸福的新延寿。到 2021 年，城镇居民人均可支配收入、农民人均可支配收入，年均分别增长 9% 和 10%；社会消费品零售总额年均增长 10%。民主法治建设不断加强，社会公平和正义进一步实现。公民的思想道德和科学文化素质显著提升，社会治理创新扎实推进，社会局面安全稳定，社会生活和谐有序，争创全国文明县、平安县和全省信访工作先进县。打造更加清明的新延寿，全面从严治党要求深入落实，党内政治生活更加规范，各级领导班子领导核心作用进一步强化，基层党组织的凝聚力和战斗力明显增强，党风廉政建设取得显著成果。党群干群关系更加密切，党员干部的先锋模范作用充分发挥，自强不息、艰苦创业的延寿精神得到发扬光大。

第四节　老区的资源优势

一、红色资源

延寿县在抗日战争和解放战争中是哈东军分区、哈东专员公署和松江省委、省政府的驻地，是北满根据地的核心地区和政治中心。韩光、冯仲云、李兆麟、赵一曼、赵尚志、张兰生、李英根、李福林等抗日将士都曾在延寿留下过战斗的足迹；李秋岳、刘士武、刘兴亚、毛华初、邹问轩、梁明德、胡启等革命人士曾在延寿战斗、工作、生活过。延寿人民曾为抗日战争和解放战争的胜利做出过卓越的贡献。至今，还留有松江省委、省政府驻延寿旧址，金高丽沟抗联三军秘营遗址，张学良剿匪遗址等大量的红色革命遗址遗迹。另外，延寿县太平川种畜场南日本大塔开拓团等三处日本开拓团遗址从反面证明了日本军国主义的侵略行径。延寿县委、县政府非常重视这些遗址遗迹的保护开发利用，现已开发利用了松江省委、省政府旧址等一批遗址遗迹，建成了松江省史迹陈列馆等史迹场馆，为告慰先烈、启迪当代、教育后代起到了不可替代的作用。

重点红色资源简介

松江省史迹陈列馆　2010年8月，第三次全国文物普查确定了位于延寿县延寿镇西公安街6号，一栋建筑面积为1 044平方米的平房为中国共产党松江省委、松江省政府驻延寿遗址，并挂牌保护。中共松江省委于1946年6月至1947年2月、松江省政府于1946年11月至1947年4月部分机构由哈尔滨迁驻延寿。中共延寿县委、延寿县政府对中共松江省委、省政府驻延寿遗址非常重视，2018年3月开始，成立专业队伍，筹资300余万元，经多方征集、挖掘、捐赠和收购，于2019年建成松江省史迹陈列馆，并将其列入延寿县文体广电和旅游局直属公益一类事业单位，编制3人。现在馆藏书籍600余册。其中，原松江省辖区志书169册，各类证书、奖章等130余本（枚）、实物200余件，高仿松江省时期的各类文件2 000多页，其中史料电子版1 000页，各类照片10 000余张，并设计展板100块、150平方米，编写布展大纲70 000余字。馆内分为序厅、东北政事、龙江记忆、红色松江、巩固政权、蓬勃发展、延寿十年、时代丰碑、领袖关怀9个展厅。移步馆内，如同穿越一条时光长廊，置身由峥嵘岁月组合而成的波澜壮阔的历史画卷之中。松江省史迹陈列馆是延寿县作为牢记革命传统、弘扬老区精神、向广大人民群众进行爱国主义和社会主义核心价值观教育的重要阵地，也将为"不忘初心、牢记使命"，不断强化党的建设和思想教育工作，助力延寿老区县域经济发展发挥重要作用。

延寿县烈士陵园　陵园坐落于延寿县延寿镇北吉盛路98号，占地面积25 265平方米，园内苍松翠柏环绕，景色宜人。现安葬着刘万和、潘富、唐洪文等烈士遗骨墓35座。延寿县烈士陵园是1948年为悼念1945年10月在延寿县寿山乡三道沟子（小营子）剿匪战斗中光荣牺牲的苏联红军战士而建。后又陆续安葬解放延寿牺牲的及延寿籍在外牺牲的烈士，并扩建正式命名为烈士陵园。1960年、1989年县政府先后两次对烈士陵园进行了维修。2002年6月，投入资金31万元，对烈士陵园进行彻底修缮，并将分散在各地的16座烈士墓一并迁入园中。烈士墓分列两排，重新建设的革命烈士纪念碑高11.8米，碑体是汉白玉大理石贴面，碑座四边用名贵的四川红大理石贴面，象征着烈士高大完美的形象，纪念碑背面的碑文雕刻金字为：

自1930年以来，在红军时期，抗日战争时期，解放战争时期，抗美援朝战争时期壮烈牺牲的革命烈士和在社会主义建设时期英勇献身的革命烈士永垂不朽。

延寿县人民政府黑龙江省烈士纪念基金会二〇〇二年九月三日立

扩建祭扫烈士平台600平方米，全部用彩砖铺甬路4 400平方米，新建大理石铺修活动广场460平方米，凉亭一座，设置烈士英名录和烈士陵园志碑一座，采用高级大理石贴面，雕刻烈士英名247位，其中参加抗战的3位、红军（苏）3位、解放战争134位、入朝作战93位、社会主义建设9位、无名烈士5位。2011年10月份，县里又投入资金24万元对烈士陵园及苏军烈士墓进行整体修缮。现苏联红军烈士墓地即红军广场占地36平方米，广场为白色水泥砖铺地，苏军烈士墓身长323厘米、宽226厘米、高225厘米，采用红色大理石贴面，墓碑为整块黑色大理石上方雕刻红五角星，并镌刻着"苏联红军烈士墓"7个鎏金大字。2012年至2013年，实施"安烈工程"，设立革命烈士墓碑一座，上面刻有74位烈士的英名，修缮大理石纪念碑，搬迁新建纪念碑五座，新建大理石围墙和铺设大理石地面。新修缮的烈士陵园格局严谨，肃穆庄严。延寿县烈士陵园被确定为延寿县青少年爱国主义教育基地。

张学良剿匪遗址　遗址位于延寿县青川乡西北石城山森林公园。1922年同宾县（今延寿县）风调雨顺，是历史上少有的丰收年头。百姓望着良田沃野，满怀欢喜。谁知庄稼刚成熟却匪患四起，先后有四股土匪窜入大青川一带，他们抢劫、绑票，横行乡里，当地百姓苦不堪言。大青川的柳树河镇有一驻军，连长姓孟，是一只眼，外号"孟瞎打"。这伙兵名义上保护地方，暗中却和土匪串通一气，也是一伙强盗。同宾县知事邓东山面对大青川的局势，急得像热锅上的蚂蚁，一筹莫展。时任东三省巡阅使署卫队混成旅旅长的张学良从县农会会长李绍唐、县商务会会长贾岚村处得知这一情况后，于农历八月二十四率队从哈尔滨出发，兵分三路直插大青川，经过一整天的激战，剿灭了号称"天下第一"的平东匪队。张学良连夜率队开进同宾县城，罢了县知事邓东山、县城驻军营长刘顺和和柳树河镇驻军孟连长的官。从此，张少帅三到同宾痛歼平东匪队，一气之下又罢了三个人的官的故事在全县流传开来，经百姓口口相传，如今妇孺皆知。

1992年，经延寿县林业和草原局北安林场申请，黑龙江省林业厅批准在张学良剿匪纪念地建设石城山森林公园。

抗联三军被服厂遗址　遗址位于延寿县延寿镇红旗村北3公里的大青山山脉的一处山洞内。洞口在山的西面离地面5米处，洞口高0.5米，洞内现被山土淤积。山顶上有掩体经密道与警卫营营房相通，现密道与营房部分有坍塌。遗址下面是南北走向的山间小路，南距山洞100米是东西走向的山间小路和山间小溪。此前遗址出土的缝纫机，现收藏在东北烈士纪念馆。2009年11月9日，第三次全国文物普查，延寿县普查队对遗址内的遗迹现象及出土的标本进行分析，确定该遗址为抗联三军被服厂遗址。

抗联三军秘营遗址　遗址位于延寿县东部，蚂蜒河支流亮珠河右岸，张广才岭余脉金高丽沟里（抗战时期称东山里），距县城75公里。2000年11月，哈尔滨市文化局文物管理站、延寿县文化局文物管理所在金高丽沟，抗联三军秘营遗址处树立一座高1米、宽0.5米的花岗岩石碑，石碑正面镌刻着"抗联三军秘营遗址"八个大字。

二、绿色资源

延寿县绿色食品资源富集，富产稻米、食用菌、沙棘、中草药、山野菜、蓝莓和绿色食品，矿泉水等资源储量大、品位高，极具开发价值。着力打造黑龙江省最大的绿色有机食品加工基地和哈东地区养殖规模最大、加工能力最强的肉鸡产业基地，适合绿色食品产业和资源开发项目企业入驻。

亚麻纺织中国品质。延寿是最早建成麻纺企业的县份。亚麻纺织是县域主导产业，先后被授予"中国亚麻产业创新发展先进县"，获得"振兴亚麻产业特殊贡献奖"。"继嘉牌"亚麻纱被评为"中国亚麻纺织行业十大影响力品牌"，出口产品位居全国前列。着力建设亚麻生产基地，打造龙江纺织第一城，适合亚麻种植企业、亚麻纺织项目企业入驻。

医药制造极具潜力。延寿县自1970年成立国营药厂，相继形成蒲公英药业、瀚钧药业、金圣药业等规模较大的制药群体，有24种中药制剂获得国药准字号，安脑丸、三鞭固本丸、参茸固本丸等中成药享誉国内外。适合药材种植和加工企业入驻，共同建设重要的北药生产基地。

旅游度假康养休闲。延寿境内河流交汇山峰纵横，森林覆盖率达51.76%，大气、水、土壤和环境质量均达到国家一级标准，蚂蜒河国家湿地公园、长寿山国家森林公园、长寿山国家AAA级风景区、石城山省级森林公园闻名省内外，被誉为"塞北小江南""北方长寿之乡"。至今流传着"乾隆密访烧锅甸子御笔封寿""长寿山福佑帝王"等历史传说。适合具有湿地体验、温泉度假、休闲康养、寒地旅游、北方慢城等建设项目企业入驻。

园区平台服务一流。延寿县于2004年建设了总占地面积15.6平方公里的工业园区，2008年被列入省级经济开发区（不享受省级开发区政策），2011年被列为省级重点扶持20强示范园区之一，2016年晋级为省级开发区。延寿县委、县政府先后出台了《延寿县招商引资优惠政策》《关于支持工业园区发展的若干意见》等一系列政策措施，对入驻开发区企业行政事业性收费从280多项削减到8项，经营服务性收费按照最低限收取。延寿县始终致力于打造"执行政策零折扣、部门服务零距离、生产经营零干扰、处理问题零缺位"的发展环境，为开发区企业发放了《服务企业联系卡》《贵宾卡》，落实了项目联络员制度，首问责任制度，积极为企业提供"一站式、全程化、终身制、保姆型"服务。目前，延寿县省级经济开发区已成为哈尔滨市周边地区审批时限最短、收费项目最少、收费标准最低、服务质量最优、办事效率最快的省级经济开发区之一。适合有机食品、粮食深加工、纺纱织布、印染成衣、生物制药、装备制造等工业加工项目企业入驻。

政策环境宽松优越。延寿县享受国家扶贫开发的特殊优惠政策，对投资企业实行县级领导定点联系制、项目跟踪制和限时办结制，进一步提升服务效能。设立县长热线、举报中心、对外来企业进行挂牌保护，做到企业进展情况第一时间掌握，企业遇到困难最快速度解决，企业所需事项全程包保办理，企业发展环境人人共同营造。为广大客商投资兴业提供最便捷的政策支持和最广阔的发展空间，适合所有有意向的企业入驻发展。

灵山秀水汇延寿，热土悠悠聚英才。延寿凭借着卓越的资源禀赋，厚重的革命老区人文历史，全面的产业配套，正在成为龙江大地上一颗冉冉升起的新星。一个生态延寿、品质延寿、和谐延寿、幸福延寿正敞开胸怀，以延寿人固有的诚信待客之道欢迎八方宾客。

后 记

　　《延寿县革命老区发展史》即将出版发行。这是一部汇集本县革命老区历史事件、战斗故事、英雄人物和新中国成立以来重要工作以及伟大成就的重要史书。此前，延寿县也曾出版过类似书籍，但此次书稿形成过程中各方面高度重视，在史料征集、挖掘、整理，内容取舍及谋篇布局，文字规范严谨等，各方面的重视程度是前所未有的。中国老促会2017年发出《关于编纂全国1 599个革命老区县发展史的安排意见》，省、市老促会也分别做出部署和具体安排，县委对此书的编纂工作高度重视，在人力、物力、资金等方面给予积极帮助和支持，这是此书得以顺利完成的重要保障。

　　本书编写过程中，坚持以毛泽东思想、邓小平理论、"三个代表"重要思想、科学发展观、习近平新时代中国特色社会主义思想为引领，运用历史唯物主义和辩证唯物主义的立场、观点、方法，坚持思想性、科学性、资料性相一致，坚持历史的真实性、事件的准确性与内容的可读性相统一，深入挖掘并全面系统地记载了延寿县革命老区重要历史事件，反映了东北抗联和老区人民在中国共产党领导下展开的伟大斗争，付出的巨大牺牲，做出的巨大贡献，以及老区人民在社会主义革命和建设时期、改革开放和社会主义现代化建设新时期，特别是党的十八大以来在政治、经济、社会领域取得的巨大成就。

　　参与书稿起草的人员，都是对本县革命历史有深入研究，具有史学知识，文笔水平较高的同志，特别是汇聚了一批具有强烈事业心和历史责任感的老同志。从全书的宏观构思、拟定提纲、落笔起草各个环节上都付出了巨大精力。为保证书稿内容完整、充实、真实，起草者花费大量心血查阅资料（资料有《延寿县史志》《东北抗日联军名录》《东北抗日斗争史》《伪满延寿县县志》《中共哈尔滨市党史》《黑龙江革命老区》《东北地区历史文件汇集丛书》《东北革命根据地》《黑龙江抗日烽火》《方正人民革命斗争史》《中国抗日斗争史》《二十世纪世界风云实录——二战风云》《中日战争——内幕全公开》《黑龙江省烈士名录——延寿部分》《东北抗联精神》《尚志革命老区》《中共延寿县党史》《延寿县革命老区简史》《延寿文学特刊·梁明德在延寿》和黑龙江省政协部分文史资料、哈尔滨市党史简编、延寿县部分相关文史资料、东北烈士纪念馆相关资料、德都县部分相关文史资料、中共延寿县第14次至第16次代表大会材料汇编、抗联烈士包巨魁之子包武雄提供相关资料、延寿县史志档案馆相关资料）、实地考察、询访知情人，做了大量扎实工作。为把大量支离破碎的各种素材汇聚起来，形成完整思路，整合成符合客观实际、时间顺序、逻辑严谨的书稿，工作量是巨大的，所有参与起草人员，包括收集资料和共同参与研究人员，都付出大量劳动，也取得丰硕成果。可以说这部《延寿县革命老区发展史》是截至目前收集资料最多、逻辑构思最严谨、历史事件最真实、时间跨度最长、史料价值最强的书籍。

　　这部史书在谋篇布局上，坚持从实际出发，遵照中国老促会和省、市老促会统一安排，坚持反映历史的全面性和真实性，同时考虑书稿文字限制，根据内容需要繁简结合，宜繁则繁，宜简则简。全书内容安排上坚持以革命历史内容为主，同时也充分反映新中国成立以来的重要工作；坚持以改革开放内容为主，同时也不遗漏各个时期的历史内容；坚持以党的十八大以来取得的巨大成果为主，充分反映脱贫攻坚和乡村振兴伟大成就。

为确保本书质量和历史厚重感，根据上级老促会安排，形成样书后进行了县、市、省自下而上三级审读。延寿县成立审读小组，由县委常委宣传部长张凤平为组长，县委史志档案馆馆长顾俊标、县发展和改革局局长狄昌治、县退役军人事业局局长冯延峰、县统计局局长王志奇为成员，对本书进行了县级初审。在县级审读基础上，送哈尔滨市审读，哈尔滨市成立了由市老促会副会长王维绪同志为组长，市老促会副秘书长张同义同志、市史志研究室主任王洪同志、市党史研究会常务副会长张严学同志为副组长的审读小组，对本书进行了再次审读。最后报请省专家组和中共黑龙江省委史志研究室进行审读，经过"三级审读"最后印刷出版。在此对所有参加编写、调研、提供素材、修改把关和审读把关的各位领导、专家和各位同志一并表示谢意。

编者